健康奠基幸福人生

——青少年健康手边书

主编　王华庆

编委（按姓氏笔画排序）

马迎华　王亚敏　王华庆　乔友林
刘童童　杨莉华　张　希　张国民
罗晓敏　金　曦　姜　垣　郭　欣

人民卫生出版社
·北　京·

图书在版编目（CIP）数据

健康奠基幸福人生：青少年健康手边书 / 王华庆主编. —北京：人民卫生出版社，2020.11（2023.12重印）
ISBN 978-7-117-30909-7

Ⅰ. ①健… Ⅱ. ①王… Ⅲ. ①健康教育－中学－教学参考资料 Ⅳ. ①G479

中国版本图书馆 CIP 数据核字（2020）第 231076 号

健康奠基幸福人生——青少年健康手边书
Jiankang Dianji Xingfu Rensheng
——Qingshaonian Jiankang Shoubianshu

主　　编：王华庆
出版发行：人民卫生出版社（中继线 010-59780011）
地　　址：北京市朝阳区潘家园南里 19 号
邮　　编：100021
E - mail：pmph @ pmph.com
购书热线：010-59787592　010-59787584　010-65264830
印　　刷：北京盛通印刷股份有限公司
经　　销：新华书店
开　　本：710 × 1000　1/16　　印张：6.5
字　　数：81 千字
版　　次：2020 年 11 月第 1 版
印　　次：2023 年 12 月第 5 次印刷
标准书号：ISBN 978-7-117-30909-7
定　　价：18.00 元
打击盗版举报电话：010-59787491　E-mail：WQ @ pmph.com
质量问题联系电话：010-59787234　E-mail：zhiliang @ pmph.com

序

我国是世界上最大的发展中国家，既面临发达国家的卫生健康问题，也面临着发展中国家的卫生健康问题，尤其是中国青少年体质健康问题受到广泛关注。据《我国青少年体质健康发展报告》(《中国教育》2011 年第 20 期）调查显示，近 30 年来，中国学生的身体形态发育水平总体不断提高，营养状况得到改善，常见病患病率持续下降，但是耐力、力量、速度等体能指标有明显下降趋势，肺功能持续降低，视力不良率居高不下，城市超重和肥胖青少年的比例明显增加。

中共中央、国务院印发的《“健康中国 2030”规划纲要》提出：将健康教育纳入国民教育体系，把健康教育作为所有教育阶段素质教育的重要内容。以中小学为重点，建立学校健康教育推进机制，培养健康教育师资。《健康中国行动（2019—2030 年）》提出实施“中小学健康促进行动”，加强中小学健康促进，增强青少年体质。

成立于 2006 年的中国健康促进基金会，是国内较早倡导健康管理与促进的社会公益组织，十多年来，一直致力于健康教育、慢性病防控、学科建设、健康扶贫等公益活动，对青少年健康高度关注，成立了儿童青少年健康促进专项基金。在国家卫生健康委规划发展与信息化司、疾病预防控制局和健康中国行动控烟专项行动组的指导、支持下，中国健康促进基金会组织开展“健康中国我行动——青少年健康教育公益项目”，旨在通过对健康教育师资和中小学校医开展青少年健康教育师资培训，助力国内青少年健康教育师资队伍建设，提高青少年健康素养，助力健康中国。

提高青少年健康素养是增进青少年健康的前提。根据青少年的特点有针对性地加强健康教育与促进是当务之急。为此，中国健康促进基金会组织国内在此领域卓有成就、经验丰富的相关权威专家编纂了这本《健康奠基幸福人生——青少年健康手边书》。本书内容主要面向中学生，贴近学生的学习和生活，叙述简洁，是青少年健康成长必不可少的重要一课。

在此，向为本书编写付出辛勤劳动的各位专家表示感谢，也希望本书能够得到健康教育教师及校医喜爱，为我国青少年健康发挥积极的作用。

中国健康促进基金会常务副理事长兼秘书长

2020 年 10 月

目　　录

1

第一部分

倡导健康生活方式
塑造健康行为

生命安全与健康是人类生存和发展的基本需求和永恒追求。生命权、身体权和健康权是《中华人民共和国民法典》赋予公民的基本权利。什么是健康？现在的你是否真的很健康？健康文明的生活方式有哪些要求？健康与社会发展有什么关系？青少年如何选择健康文明的生活方式、培养健康行为？

一、健康与社会发展

（一）健康的定义

世界卫生组织（World Health Organization，WHO）在1948年提出了健康的定义，指出“健康不仅仅是没有疾病和虚弱，而是指身体、心理和社会功能良好状态”，从身体健康、心理健康和社会适应3个维度衡量健康。近年来，WHO强调健康还应包含一定的文化素质和道德品质，即道德健康。这是生物心理社会医学模式在健康概念中的具体体现。

1. 身体健康　是指人体结构完整，体格健壮，各个组织结构、器官正常，没有不适感，包括体格发育、生理功能、运动能力以及日常生活自理能力。

2. 心理健康　是指智力正常，内心丰富、充实、和谐、安宁，情绪稳定，有自信心；能够恰当地评价自己，思维与行为协调统一，有充分安全感。

3. 社会适应良好　是指能与自然、社会环境良好接触，有良好的适应能力；有一定的人际交往能力，能有效地应对日常生活中的压力；能正常地进行工作、学习和生活。

4. 道德健康　是指不以损害他人利益为基础来满足自身的需要，具有辨别真伪、善恶、荣辱、美丑、是非等的观念，能按照社会公认的准则来约束、支配自己的行为，能为人类的幸福做贡献。

知识窗

世界卫生组织提出的“健康十大标志”，同学们可以对照一下，看看自己是否足够健康，还有哪些不足。

1. 有足够充沛的精力，能从容不迫地应对日常工作和生活压力，不感到过分紧张。

2. 处事乐观，态度积极，乐于承担责任，事无巨细不挑剔。

3. 善于休息，睡眠良好。

4. 应变能力强，能适应外界环境的各种变化。

5. 能够抵抗一般性感冒和传染病。

6. 体重得当，身体匀称，站立时，头、肩、臂位置协调。

7. 眼睛明亮，反应敏锐，眼睑不发炎。

8. 牙齿清洁，无空洞，无痛感，齿龈颜色正常，无出血现象。

9. 头发有光泽，无头屑。

10. 肌肉丰满，皮肤富有弹性。

（二）健康对个人、家庭和社会的影响

1. 健康对个人的影响　健康是个人幸福生活的基础，是生活质量的保障，是高效学习和工作的前提。当健康出现问题时，个人在躯体上和心理上都会受到不良的影响。

2. 健康对家庭的影响　个人健康可以提升家庭成员的幸福感。如果家庭成员的健康出现问题，首先会打乱家庭的正常生活。其次，医疗费用，尤其是严重疾病所需要的巨额费用，将成为家庭沉重的经济负担。

3. 健康对社会发展的影响　人民健康是社会劳动力的保证、社

会经济增长的基础，也是民族昌盛和国家富强的重要标志。《“健康中国 2030”规划纲要》提出：“共建共享、全民健康”，是建设“健康中国”的战略主题。实现“健康中国”的目标，是民族昌盛和国家富强的重要标志。

二、生活方式与健康

（一）生活方式与行为

生活方式是指人们在一定的社会文化、经济、风俗、家庭等因素的影响下形成的一系列日常生活习惯和生活模式。行为表现是生活方式的具体外显，主要包括饮食、运动、睡眠、娱乐、消费、社会交往等。生活方式与行为是影响儿童青少年健康的重要因素。

（二）健康相关行为

健康相关行为是指人类个体和/或群体与健康和/或疾病有关的行为。按照对行为者自身和他人健康状况产生的不同影响，健康相关行为分为健康促进行为和健康危险行为两大类。

1. 健康促进行为　指个体或群体表现出的、客观上有利于自身和他人健康的行为。健康促进行为可分为日常健康行为、避开环境危害行为、戒除不良嗜好、预警行为和合理利用卫生服务。

2. 健康危险行为　指不利于自身或他人健康的行为，是偏离个人、他人乃至社会健康期望的表现。健康危险行为可分为不良生活方式、致病性行为模式、不良疾病行为和违规行为。

想一想

以下行为哪些是健康促进行为，哪些是健康危险行为？

(1) 定时、定量进餐。

(2) 雾霾天外出时佩戴防尘口罩。

(3) 不吸烟。

(4) 预防事故发生。

(5) 发生事故后的正确处理行为。

(6) 如遇到心理困惑寻求专业心理支持。

(7) 坚持体育锻炼。

(8) 熬夜看手机。

(9) 酗酒。

(10) 开车不系安全带。

(11) 不吃水果、蔬菜。

3. 青少年健康危险行为　世界卫生组织将“青少年”的年龄范围界定为10~19岁。凡是给青少年身心健康、完好状态，乃至成年期健康和生活质量，造成直接或间接损害的行为，称为青少年健康危险行为。

青少年健康危险行为分为以下7类：

(1) 导致各种非故意伤害的行为，如车祸、溺水、跌坠伤、砸伤、穿刺伤、爆裂伤等。

(2) 导致各种故意伤害的行为，包括：①打架等校园暴力行为以及引发的不安全感；②自杀、自伤、自残、离家出走；③心理 - 情绪障碍的行为表现，如孤独、压力、失眠、伤心绝望等。

(3) 物质成瘾行为，如吸烟、酗酒、药物（如精神活性药物和毒品）滥用、吸入剂（如汽油、胶水、涂改液等）滥用。

(4) 精神成瘾行为，如智能手机成瘾、游戏成瘾、网络成瘾等。

知识窗

下面以智能手机等电子设备过度使用为例，说明精神行为成瘾的危害。

Adam Alter 研究指出，精神行为成瘾能带来短期的快乐，却会破坏长期的幸福。

(1) 智能手机抢夺我们的时间，危害人际关系质量。

(2) 电子游戏让很多的年轻人沉迷其中，失去了正常交流能力。

(3) 无处不在的高科技，让购物、色情变得难以回避。

研究表明，成瘾行为生成的大脑反应等同于吸毒后的大脑反应。表现为大脑深处的很多区域释放多巴胺，经过贯穿整个大脑的多巴胺受体吸附，反过来产生强烈的快感。

(5) 导致性传播性疾病和非意愿妊娠的性行为，如多性伴性行为、不使用安全套、被迫性行为等。

(6) 不良饮食行为，包括：①过多摄入容易导致肥胖的高能量/高脂食物的饮食行为；②各种容易导致营养缺乏/失调的行为，如蔬菜/水果摄入过少，挑食、偏食，过多吃零食等；③各种盲目或不健康减肥行为。

(7) 缺乏体力活动行为，分为动、静两方面：前者包括不上体育课，体力活动不足，体育锻炼时间和强度不足；后者包括看电视(电脑)、上网时间过长等。

想一想

烟草、酒精和毒品对一个人的身体会产生什么影响？

刷屏时代“行为上瘾”对一个人的睡眠、人际交流造成什么影响？

现在的你，是否正在经受健康危险行为的困扰？

这些方式和行为是否给自己或他人带来麻烦？

你愿意接受这些影响吗？

如果有可能，你愿意改变这些行为吗？

三、生活方式与重大疾病预防

世界卫生组织指出，在影响健康长寿的因素中，遗传占15%、社

影响健康长寿的因素中

- 遗传占15%
- 社会占10%
- 医疗占8%
- 气候占7%
- 生活方式和自我保健占60%

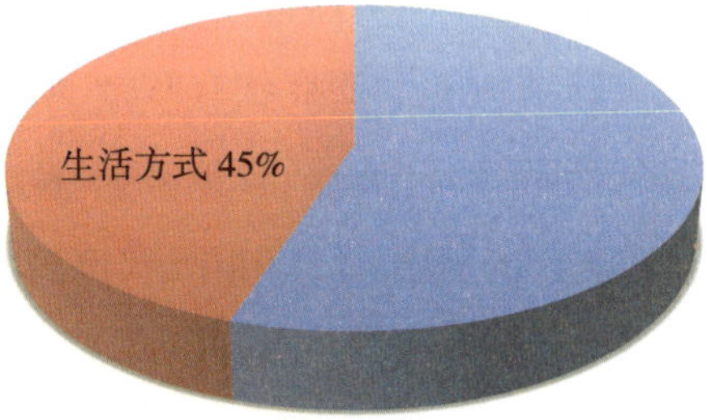

现代人类所患疾病中

有45%与生活方式相关

导致死亡的因素中

有60%与生活方式相关

会占10%、医疗占8%、气候占7%、生活方式和自我保健占60%。现代人类所患疾病中有45%与生活方式相关，导致死亡的因素中有60%与生活方式相关。

“健康中国行动”提出的4种慢性非传染病性疾病，包括心脑血管疾病、癌症、慢性呼吸系统疾病和糖尿病。这些疾病的特点不尽相同，但防治的基本原则和重点环节是一致的，都是从控制吸烟、酗酒、久坐不动、不合理膳食等危险因素，也就是纠正不健康的生活方式入手的。虽然大多数慢性非传染性疾病发生在成年以后，但不健康生活方式的养成却可以追溯到青少年时期。

一些传染性疾病，如艾滋病、结核病等也与人们的生活方式有关。结核病是青年人容易发生的一种慢性和缓发的传染病，当人体免疫力下降时，更容易被传染，而人体的免疫力受到饮食、睡眠、运动和压力等生活方式的影响。

知识窗

结核病，又称为“痨病”，是由结核分枝杆菌感染引起的一种慢性传染病。结核分枝杆菌可以侵害人体的各种器官。人体许多脏器可以发生结核病，以肺结核多见（约占80%）。肺结核的主要症状有咳嗽、咳痰2周以上，痰中带血。有的人还会低热、夜间出汗、胸痛、食欲减退、疲乏和消瘦。肺结核如果不及时治疗，会影响人的健康、工作和生活，严重时会危及生命，同时还可能传染家人和朋友。

为了预防疾病，增进健康，中学生要树立“每个人是自己健康第一责任人”的意识，主动学习健康知识，提高健康素养，践行健康生活方式。

四、践行健康生活方式

健康生活方式就是指有益于健康的习惯化的行为方式。根据1992年世界卫生组织在《维多利亚宣言》中提出的“健康的四大基石”和《中国公民健康素养——基本知识与技能(2015年版)》要求，健康生活方式可具体归纳为4个方面：合理膳食、科学锻炼、良好的生活习惯和心理平衡。

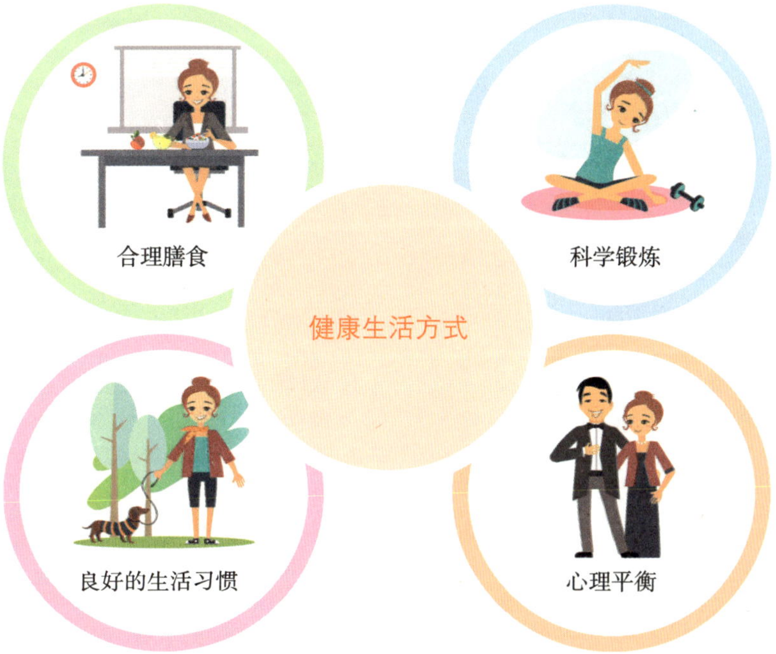

(一) 合理膳食

合理膳食包括遵循平衡膳食和良好个人饮食习惯两个方面。

1. 平衡膳食

(1) 食物多样，谷类为主：每天的膳食应包括谷薯类、蔬菜水果类、畜禽鱼蛋奶类、大豆坚果类等食物。

平衡膳食

1. 食物多样，谷类为主
2. 吃动平衡，健康体重
3. 多吃蔬果、奶类、大豆
4. 适量吃鱼、禽、蛋、瘦肉
5. 少盐少油，控糖限酒
6. 杜绝浪费，兴新食尚

良好的个人饮食行为

1. 认识食物，学习烹饪，提高营养科学素养
2. 三餐合理，规律进餐，培养健康饮食行为
3. 合理选择零食，足量饮水，不喝含糖饮料，禁止饮酒
4. 不偏食节食，不暴饮暴食，保持适宜体重增长
5. 保证每天至少活动60分钟，增加户外活动时间

（2）吃动平衡，健康体重：吃和动是保持健康体重的关键。应坚持天天运动，维持能量平衡，保持健康体重。

（3）多吃蔬果、奶类、大豆：富含钙、优质蛋白质和B族维生素的食物对降低慢性病的发病风险具有重要作用。

(4) 适量吃鱼、禽、蛋、瘦肉：动物性食物优选鱼和禽类。

(5) 少盐少油及控糖限酒是控制高血压、肥胖和心脑血管疾病等慢性病的重要措施。

(6) 杜绝浪费，兴新食尚。

2. 良好个人饮食习惯　针对6~18岁学龄期的未成年人的生长发育特点和健康状况，《中国学龄儿童膳食指南(2016)》给中小学生提出以下5条核心推荐。

(1) 认识食物，学习烹饪，提高营养科学素养。

(2) 三餐合理，规律进餐，培养健康饮食行为。

(3) 合理选择零食，足量饮水，不喝含糖饮料，禁止饮酒。

中学生的水适宜摄入量

年龄/岁	每天适宜摄入量/L			
	总水		饮水	
	男	女	男	女
11	2.3	2.0	1.3	1.1
14	2.5	2.2	1.4	1.2
18	3.0	2.7	1.7	1.5

(4) 不偏食节食，不暴饮暴食，保持适宜体重增长。

(5) 保证每天至少活动 60 分钟，增加户外活动时间。

知识窗

为什么限制饮酒

经常过量饮酒，可以导致多种营养素缺乏、急慢性酒精中毒、酒精性脂肪肝等，严重时还会造成酒精性肝硬化。过量饮酒还会增加患高血压、脑卒中（中风）等疾病的风险，可导致交通事故及暴力事件的增加，危害个人健康和社会安全。《中国公民健康素养——基本知识与技能》建议：成年人一天饮用酒的酒精量，男性不超过 25g，女性不超过 15g。

（二）科学锻炼

具体内容包括：

1. 能熟练掌握并运用 1~3 个运动项目的必备技能，并用于身体锻炼。

2. 每天锻炼 1 小时，每周 3 次中等以上强度的体育活动，并持之以恒。（注：中等强度体育活动，心率达到最大心率的 60%~80%；高强度体育活动，心率达到最大心率的 80% 以上。最大心率 =220–年龄。）

3. 锻炼方法有针对性，运动量适宜，运动负荷循序渐进。

4. 选择良好的体育场地、器材和设施，避免运动伤害。

5. 选择适宜的环境，避免在雾霾、受污染的环境进行锻炼。

需要特别强调的是，同学们在积极进行体育锻炼时，还应遵守安全运动守则，提高安全意识，避免在运动中受伤。

运动金字塔

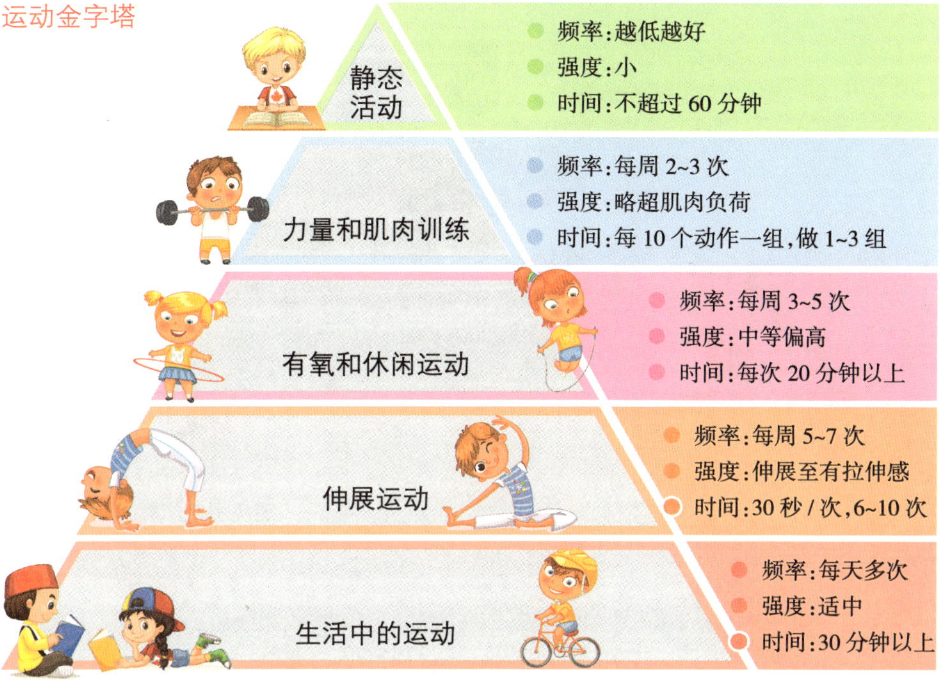

（三）良好的生活习惯

1. 合理作息，保证充足睡眠　《中小学生一日学习时间卫生要求》（GB/T 17223-2012）规定：初中各年级一日学习时间不应超过 7 小时，睡眠时间不应少于 9 小时；高中各年级一日学习时间不应超过 8 小时，睡眠时间不应少于 8 小时；确保中小学生每天锻炼 1 小时。美国睡眠基金会建议 18~25 岁人群每日睡眠时间为 7~9 小时。

2. 保持适宜体重，预防肥胖　北京大学儿童青少年卫生研究所提出用“52110”行为管理方法，帮助青少年控制肥胖。

3. 合理用眼，保护视力　避免长时间视屏活动，定期做眼保健操等。具体见本书“青少年近视预防”部分。

4. 避免长时间上网、玩游戏等

知识窗

在"刷屏时代"远离精神行为成瘾的建议

（1）尽量减少网络交流，增加面对面的人际交流。

（2）主动建立良好人际关系，提高社会能力。

（3）为自己设定一天的屏幕使用时间。

（4）构建远离诱惑的环境，将手机放在离自己远一些的地方。

(5) 选用为治疗智能手机上瘾而设计的替代设备。

(6) 如果行为成瘾影响了正常的学习、生活和人际关系,可寻求专业心理人员帮助。

5. 远离烟酒等不良嗜好,拒绝毒品 具体见本书“做不吸烟的新一代”与“艾滋病防治知识”两部分。

6. 从正规渠道获取生殖与性健康信息 避免发生无防护性行为,预防性骚扰,抵制性诱惑。具体见本书“青春期生理与心理健康”与“艾滋病防治知识”两部分。

(四) 保持心理平衡

青少年应积极培养心理社会能力,包括:

(1) 正确认识和评价自己,具有同理心。

(2) 积极应对日常生活的压力。

(3) 高效率地进行工作和学习。

(4) 提高调控情绪的能力。

(5) 有效交流,建立良好的人际关系。

(6) 面对现实,适应环境,提高决策能力。

知识窗

保持你的高能量姿势

研究表明,摆出高能量姿势(又称扩展性姿势)者,睾丸素水平上升19%,皮质醇水平下降25%。摆出低能量姿势者正好相反,睾丸素水平下降10%,皮质醇水平上升17%。

高能量姿势
低能量姿势

知道了什么是健康，什么是健康生活方式，相信每位同学都愿意从平衡膳食、科学运动、高质量睡眠、预防成瘾行为和心理平衡等方面，将自己塑造成神采奕奕、能量源源不断的现代新人。你们的健康关系到家庭和国家的未来，希望各位同学为家庭幸福和国家的强大做出更多的贡献。

2

第二部分

青春期生理与心理健康

一、青春期发育特点

青春期是个体从童年向成年过渡的时期，是从不成熟到成熟的转变阶段。世界卫生组织专家建议：青春期的年龄范围是 10~19 岁。青春期变化之快犹如“暴风骤雨”，涉及体格、生理、心理、行为、社会适应等多个方面。

青少年在青春期身体形态、生理功能、心理 - 行为等都会发生巨大变化：①体格生长加速，以身高、体重为代表的形态指标出现第二次生长突增；②内脏器官体积增大、重量增加、功能日臻完善；③内分泌功能活跃，生长发育相关激素分泌明显增加；④生殖系统发育迅速走向成熟，逐步具备繁殖后代的能力；⑤外生殖器、第二性征、体态出现显著的性别差异；⑥运动能力、耐力明显提高；⑦伴随迅猛的性发育变化，独立性加快形成，产生青春期特有的心理 - 情绪变化，可能

出现一些心理-行为问题。

（一）青春期生理发育特点

1. 青春期生长速度　随着青春期的到来，你的身高和体重会发生巨大的变化，进入“发育加速期”。女孩通常 10 岁左右开始生长突增，持续约 3 年，到 12 岁时发育速度达到最高峰，13~13.5 岁时速度回落到较慢水平。大多数女孩在出现月经初潮后身高每年只增长约 2.5cm。男孩晚 2~3 年开始生长突增，到 12~13 岁时才进入发育加速期，14 岁时达到高峰，16 岁回落到一个较为缓慢的速度。在发育加速期结束时，男孩的身高增长 28~31cm，女孩增长 27.7~29cm。

2. 青春期性发育　青春期发育分为早、中、晚 3 个阶段。青春期早期主要表现为生长突增，出现以身高为代表的突增高峰，性器官和第二性征开始发育；中期以性器官、第二性征发育为主要特征，女孩会出现月经初潮，男孩会出现首次遗精；后期体格生长速度逐步减慢，直至骨骺完全融合，性器官、第二性征发育达到成人水平，社会-心理发展加速，持续 3~4 年。

人体的第二性征是指除生殖器官以外，男女在体毛、体态、相貌、声音等外形方面的差异，是性发育的外部表现。青春期发育启动以后，在促性腺激素及性激素的作用下，随着生殖器官的迅速发育，第二性征也逐渐出现。男孩的第二性征包括胡须、腋毛、阴毛、喉结和声音（变声）。女孩的第二性征包括乳房发育、阴毛、腋毛。

女孩的性发育从乳房发育开始。对大多数女孩而言，乳房 10 岁左右开始发育，完全的乳房发育要历时 3~4 年，在 14 岁左右结束；阴毛从 11 岁左右开始出现，腋毛则在 2 年后出现。男孩的性发育稍晚，12 岁左右开始，阴茎和阴囊开始快速发育，3~4 年后达到成人大小；初次遗精大约发生在 13 岁，即在男孩开始产生精子的 1 年以后；阴毛开始出现，接着出现腋毛和胡须；由于声带变长，喉结变大，声音变得深沉。

无论是男孩还是女孩，在生理和性成熟方面存在巨大的个体差异。有的女孩8岁乳房开始发育，9.5岁就开始进入发育加速期，10.5岁发生月经初潮，她们可能在其他晚发育女孩开始发育之前就差不多已经结束青春期发育了。所以，对于青春期生理发育，同学们大可不必着急，也不必过于担心。

（二）青春期心理与行为发育特点

1. 青春期认知发展特点　在青春期，认知能力发展得十分迅速，表现为抽象思维、推理以及相对而非绝对地看待可能性能力的增长。青少年朋友们，你们是否有过更努力地对父母和其他权威提出质疑，更好争辩，或者更加优柔寡断？那么恭喜你，这说明你们开始能看到事物的多个方面。但是，你们也要提醒自己避免出现自我中心主义。这是一种自我热衷状态，可能认为全世界都在左右着自己，使得自己很难接受批评和容忍权威人物。自我中心主义可能还会导致另一种思维的扭曲，即认为个人的经历是独一无二的，甚至出现个人神话，导致出现很多危险行为。

2. 青春期情绪和行为发展特点　从青春期早期到中期，青少年的日常情绪体验可能变得越来越消极，积极成分越来越少，还有少部分人在青春期早期体验到孤独和低自尊。不过大家可以放心，这种心境低落只持续到青春期中期，并且你的心境会从成年早期开始变得更为积极。

二、常见青春期健康问题

（一）常见青春期生理健康问题

1. 营养不良　包括营养不足、贫血和营养过剩（如肥胖）或营养失衡。我国青春期人群营养状况并不乐观，正面临着营养不足和营养过剩双重挑战。影响青少年营养不良的环境因素很多，如现代生活方式的影响，缺乏体育锻炼，活动量减少，看电视、使用电脑时间过长，更有甚者沉迷于电子网络，还有吸烟、酗酒的不良习惯等，都直接影响青少年的营养和心理健康。由于此时期青少年生长发育很快，故营养不足现象也时有发生，可以表现为发育不良，如身高体重不达标准或贫血，以及各种营养素缺乏的现象等。营养过剩可以导致肥胖以及成年病的发病率增加或发病提前。目前，由于生活水平的提高及大家对营养的重视，热量缺乏已较少，但各种营养素的比例常有失调，如脂肪比例过多，因此造成肥胖的情况较为常见，同时可伴有营养素缺乏，如钙、锌、铁、硒以及碘缺乏等。因此，青少年营养问题仍是青春期生长发育中的一个重要问题。例如，钙缺乏可导致骨密度低、骨骼发育不良，而骨密度低是未来发生骨质疏松症的基础；碘缺乏可造成青春期甲状腺肿；锌缺乏可造成发育迟缓……这些因素均可影响青少年及未来的健康。

2. 其他常见生理健康问题 青春期常出现痤疮，俗称青春痘，是由于体内卵巢、睾丸和肾上腺的功能活跃，雄激素分泌增加，因而使皮脂腺过度分泌，造成皮脂瘀积而排出不畅所致，若继发细菌感染则形成毛囊炎，处理不当可致皮肤瘢痕，影响面容。此外，青春期还常会发生视力异常、牙列发育不正和结核病等传染病。

（二）常见青春期生殖健康问题

青少年在成长过程中都可能或多或少地面对生殖健康问

题，比如性发育问题，女孩子们的月经相关问题和对一些性方面的困惑等。如果出现以下问题，大家不必紧张，也不必过分担忧，建议尽早到专业医疗机构寻求专业人员指导，他们会帮助你们顺利度过青春期。

1. 性发育问题　青春期性发育个体差异大，但有一定的范围。个体发育状态偏离该范围有两种可能：生理变异，如青春期体质性延迟或加速；病理原因，如性早熟和性发育迟缓。

(1) 性早熟：这里所说的性早熟是指“真性性早熟”，即性发育年龄明显早于正常阈值(如女孩 8 岁前初潮或 6 岁前开始乳房发育，男孩 8 岁前出现第二性征)而导致性器官、第二性征等一系列青春期发育提前的现象。性早熟可分为原发性性早熟和继发性性早熟。原发性性早熟比较常见，男女发病率之比为 1∶7，女孩明显更多。在男、女性性早熟中，原发性性早熟各占 45% 和 85%。

(2) 性发育迟缓：青春期发育比正常人群的平均年龄晚 2 个标准差以上。通常男孩 13~16 岁，女孩 12~15 岁因此问题就诊，主诉身材矮、缺乏第二性征发育，为此担心、焦虑，心理压力沉重。

2. 女性青春期月经异常

(1) 闭经：原发性闭经是指 16 岁仍未行经。满 14 岁第二性征未发育者应及时检查原因。常见原因可为全身性疾病，如营养不良、内分泌功能低下；下丘脑性因素，如精神应激、功能失调；垂体肿瘤；卵巢缺如或发育不良；生殖道畸形、损伤，无子宫、子宫内膜破坏等。继发性闭经是指曾经有过正常月经，现停经 6 个月以上。常见原因也可为全身性疾病，下丘脑性因素，垂体坏死，卵巢肿瘤、早衰，子宫切除、内膜损伤等。

(2) 痛经：是指月经前后或月经期间发生腹痛及其他不适，以致影响生活、学习和工作。原发性痛经常见于青春期，一般自初潮起发生，好发生于未婚未育者，患者生殖器无器质性病变(发生率约为

30%）。继发性痛经由生殖器器质性病变，如子宫内膜异位症、盆腔炎等造成。痛经原因与精神因素、子宫发育不良、宫颈管狭窄、前列腺素水平升高等因素有关。

（3）功能失调性子宫出血：是指由神经内分泌系统失调引起的异常子宫出血，生殖系统无器质性病变。子宫出血分为无排卵型和排卵型。青春期发生的主要为无排卵型子宫出血，主要表现为经血量多、经期延长、不规则阴道出血。

（4）经前期综合征：指月经前（黄体期）出现周期性躯体、精神及行动改变，常表现为月经来潮前一周出现头痛、手 / 脸水肿、乳房胀痛等症状，经前 2~3 天加重，并伴有情绪不稳、焦虑、抑郁及思想不集中、效率低等，严重者影响生活质量。经前期紧张综合征发生率为 30%~70%，程度不一，主要与内分泌失调、水钠潴留、精神因素有关。

3. 性困惑　青春期的激素变化不仅促进性器官的成熟，而且会产生新的和性相关的感受和情感。性行为和有关性的想法是青少年都有可能关心的问题，有些人甚至会花很多时间去考虑。

（1）自慰（手淫）：是青少年进行的第一类性行为。自慰虽然普遍存在，但仍可使人产生尴尬和内疚感，甚至羞耻感。这是对自慰有错误认识的结果，比如有人误认为自慰会导致消化不良、头疼、癫痫、痉挛发作、视力受损、心悸、猝死等。事实上，自慰并无这样的后果。现在，性行为方面的专家将自慰看作一种正常的、健康的、无害的行为。

（2）性亲密行为：有资料显示，美国大约1/2的青少年在15~18岁开始有性行为，但由于有感染艾滋病病毒的危险性，现在很多青少年推迟了性行为的时间。因青春期正处于身体及心理发育期，过早的性行为会造成身体及心理的双重危害，对本人、家庭及社会均可产生不良影响，建议青春期尽量避免性行为。

（三）常见青春期心理与行为问题

1. 学习问题　青春期处于学习任务繁重的小学高年级、初中及高中阶段，因此学习几乎成为青春期“最重要”的社会活动。但有些青少年因为各种原因出现厌学情绪，甚至拒绝上学。

如何处理这种矛盾呢？第一，正确看待学习。学习并不是生活的全部，学习的目的是能够更好地生活。第二，正确看待成败，不要因为一次失败就否定自我。第三，当产生压力的时候，学会及时而正确地宣泄与排解，比如找同伴、师长、父母倾诉，转移注意力等。

2. 人际关系问题

(1) 亲子关系问题：青春期也被称为“第二反抗期”，青少年可能会希望摆脱成人的约束，要求自主、独立；而父母们很可能因为还没有充分意识到孩子的成长而习惯地觉得孩子还很不成熟，需要保护。这时，青少年就容易与父母发生冲突。这种从父母的保护和依赖中挣脱出来，开始独立的过程也叫作心理上的“断乳期”。这是一个人在成长过程中必须经过的阶段。在这个阶段，青少年更需要加强与父母的沟通和相互理解，可以用更温柔和坚定的方式表达自己的诉求，如果实在出现不可调和的矛盾，可以寻求亲朋好友的帮助。

(2) 同伴关系：是青少年最重要的人际关系之一。这种与朋友交流的强烈需求表明同伴在青春期扮演着重要的角色，青少年越来越多的时间都和同伴在一起，同伴关系的重要性也随之增加。实际上，可能生命中没有哪个阶段的同伴关系会像青春期那么重要。这有很多原因：一是社会比较，因为青春期的生理和认知变化是这个年龄段所独有的，同时也非常显著，青少年会越来越多地求助于其他有共同经验的个体，并最终理解这些经验。二是参照群体，这是个体用来与自己进行比较的一群人。同伴作为参照群体，可提供有关最容易被接受的角色和行为信息。参照群体为青少年提供了判断其能力和社会成功的系列规范或标准。三是性别关系，进入青春期后，之前平行发展、互不交往的男孩和女孩小派别开始融合在一起。

三、青春期健康素养的养成

（一）青春期营养和运动

合理饮食是身心健康发展的重要保障。

1. 保证一日三餐，食物多样。没有任何一种食物可以满足人体所需的全部营养素，只有多种食物组成的膳食才能满足人体对各种营养素的需要。

2. 清淡饮食，少油、少盐、少糖；少吃油炸食品，合理选择零食。

3. 每天喝300mL牛奶；多吃蔬菜水果，常吃含铁丰富的食物。足量饮水，首选白开水，7~10岁每天喝水1 000mL，11~17岁每天喝水1 100~1 400mL；不喝或少喝含糖饮料。不挑食，不暴饮暴食，保持健康体重。

运动是生活的一部分，至少培养一项运动爱好；正确使用运动护具，减少运动伤害。有氧运动时间不少于1小时，每周至少进行3次高强度身体活动，3次抗阻力运动和骨质增强型运动。

（二）青春期生殖健康和卫生保健

青少年要注意保持外阴卫生，提倡每天用流动清洁水清洗外阴部，更换干净、舒适的棉质内裤。进入青春期的女孩要经常清洗外阴，最好使用清洁、流动的温水冲洗外阴。同样，青春期男孩也要定期清洗外阴，存在包皮过长或包茎时要将包皮上翻，仔细清洗冠状沟的污垢。包茎有包皮嵌顿的风险，应及时就医。棉质内衣柔软舒适，透气性好，易吸汗，不刺激皮肤，是青少年内衣内裤的首选。

（三）青春期心理保健

青少年要不断地去认识和了解自己，学会接纳、欣赏自己：了解自己的长处和优秀品质，充分认识和客观评价自己的情绪、人际关系、学业状况、价值观和身心状况等方面；比较客观地认识自己的不足，并对此保持积极接纳的态度，对自己有信心。同时，青少年还要学会欣赏他人的长处和优点，能够与不同特质的人友好相处。

青少年应学会管理自己的情绪，采取积极的方式缓解自己的紧张和压力，用合适的方法表达和调控情绪，做情绪的主人。

个人与他人的关系是社会化的重要基础。青少年的主要社会关系包括家长、老师和同学。心理状态良好的青少年在人际交往中能够适度地表现自己，积极沟通，主动建立关系。同时，他们也会从关系中获得支持感，形成稳定的社会支持系统。

心理韧性是指个体在遇到困难和挫折时保持和恢复心理健康状况的能力。青少年的困难和挫折主要来自学业压力、考试挫折、情感困扰、同学矛盾和家庭矛盾等。在遇到挫折和创伤事件时，心理状态良好的青少年常具有较好的耐受力和康复力，能够较快地恢复到事件发生之前或正常的功能水平，甚至通过对创伤经验的整合，使心理韧性达到更高的功能水平。

四、常见青春期生理和心理问题预警

青少年的大多数青春期问题都是发育过程中的问题，大部分是正常的，只是存在时间和个体差异。但是，对于以下这些特殊情况，需要关注并建议到专业医疗机构寻求专业人员的帮助和进一步诊疗。

（一）生长发育异常

1. 矮身材　儿童青少年在生长发育过程中，因受各种内、外因素的影响，生长速度减慢或停滞，引起生长延迟或障碍，最终导致矮身材。矮身材指在相似生活环境下，个体身高低于同种族、同性别和年龄的正常人群平均身高 2 个标准差或第 3 百分位数。

2. 巨人症　人群中身高常呈正态分布，各年龄组中 95% 的人身高在该年龄组平均身高正负两个标准差范围内。身材超过平均身高 2 个标准差而未达到

3 个标准差可称为高身材；超过平均身高 3 个标准差则常为巨人症。

（二）生殖器官发育异常

1. 女性生殖器官发育异常

处女膜闭锁：女性处女膜闭锁常为生长发育异常所致。这种情况常是在月经初潮以后，由于经血潴留而发生周期性腹痛，不见月经来潮而腹部出现逐渐增大的包块，就医时才得以发现。如果确诊为处女膜闭锁，应及时将闭锁的处女膜切开，使潴留的经血排出即可。如能及早发现，经血未流入输卵管等处，尚未损伤子宫输卵管组织，一般不影响子宫输卵管功能，否则将可导致不孕等严重后果。因此，对于处女膜闭锁，早期发现、早期处理极为重要。

2. 男性生殖器官发育异常

（1）包皮过长：是指包皮覆盖于全部阴茎头和尿道口，但尚可上翻。男孩在新生儿和婴儿期间，常会有包皮和阴茎头上皮粘连，但以后这种粘连会逐渐被吸收，包皮和阴茎头便自行分开。小儿包皮过长是一种正常现象，但在青春期前，阴茎头应该逐渐外露，否则很容易在包皮内引发局部炎症或病变。由于包皮过长，一些皮脂腺分泌物或上皮脱落形成的包皮垢、包皮结痂，不易清除，积聚在包皮下，长此以往便极易滋生细菌，引起阴茎头包皮炎。如果炎症反复发作，造成的炎症性粘连可影响包皮松动，形成继发性包茎，甚至导致尿道狭窄。

（2）小阴茎：是指阴茎外观正常，长度与直径比值正常，但阴茎体的长度小于正常阴茎长度平均值 2.5 个标准差以上。中国人成年男性的阴茎在疲软时长度为 5~11cm，勃起长度为 11~15cm，平均为 12cm。一般，成人阴茎牵拉长度小于 7cm，或松弛状态下小于 3cm 并隐匿于皮下，可视为小阴茎。在青春期前，阴茎的长度一般不超过 5cm，进入青春期后阴茎开始变粗变大。男性的阴茎在青春期前后发生明显的变化，即青春期后与前相比，阴茎显著增大，应属正常。

阴茎正常与否重点应以功能是否正常来判断。

（三）第二性征发育异常

在第二性征发育异常的问题中，应特别关注与原性别不一致的情况出现，如原认为是男性，但第二性征发育时出现女性性征，或相反。这种情况的发生可能是由于两性畸形，出现外生殖器发育不良以致性别误诊。两性畸形的原因很多，可以因性染色体、性腺或性激素等方面问题所导致，必须请内分泌专业医生诊治。如果青少年第二性征发育不良，应及早就医，做全面检查，尽早找出病因，早期诊断、及时治疗可得到良好效果；如果贻误治疗时机，则会带来终身发育影响。

（四）青春期常见心理行为问题与障碍

青少年处于青春期阶段，身心发展还不平衡，对个人自尊的威胁感受敏感，会感受许多心理矛盾、压力和心理冲突，出现这些感受都是可以理解的，但是若这些问题不能顺利解决，并长期持续出现，就可能在情感、情绪、性格特征、日常行为等方面出现种种问题。青少年既要适应身心发育巨变，又要承受环境变化，因此如果出现以下心理行为问题和障碍，不要慌张，也不要过于担心，可以到专业的精神和心理咨询机构寻求专业人员的帮助。

1. 焦虑障碍　青少年在日常生活中经常可以体验到焦虑情绪。一般来说,正常的焦虑情绪有助于提高警觉性、适应能力和应对技巧,而焦虑障碍是指一种病理性焦虑情绪,表现为对同龄人不会引起过度焦虑的事情或情境产生过度焦虑反应,焦虑持续时间过长或反复出现,程度过于严重,超过相同文化背景下同龄人的正常情绪反应范围,同时明显影响患者的社会功能。焦虑障碍的患病率女性高于男性。该时期出现的焦虑障碍如得不到及时有效治疗,常延续至成年,或者合并其他精神障碍,造成更严重的社会功能损害。焦虑障碍的发病和遗传因素、环境因素、个体差异等多种因素有关。青少年焦虑障碍包括分离性焦虑、选择性缄默症、特定恐怖症、社交焦虑障碍等。国内流行病学调查显示,儿童和青少年分离性焦虑障碍的患病率分别为 2.5% 和 0.5%。国外流行病学调查显示,13~17 岁青少年特定恐怖症的患病率约为 16%,女性高于男性；14~24 岁青少年 / 青年社交焦虑障碍患病率,女性为 9.5%,男性为 4.9%。

2. 强迫及相关障碍　强迫障碍是以强迫思维和强迫行为等强迫症状为主要临床表现的精神疾病。强迫症状的特点是同时存在有意识的强迫和反强迫,即无法控制地反复出现某些观念和行为,但同时认识到这些现象是异常的,违反自己意愿的,极力去抵抗和排斥。强迫和反强迫的强烈冲突使患者感到焦虑和痛苦,导致学习、生活和人际交往能力下降。强迫思维是反复出现的无实际意义的想法或想要做一件事情的冲动。强迫行为是指反复做出一些无实际意义的动作和行为。关于强迫障碍,我国尚无确切的流行病学调查数据,美国 18 岁前终身患病率为 2%~3%,男女患病比例为 3∶2。

3. 心境障碍　是指由各种原因引起的以显著而持久的情感或心境改变为主要特征的一组精神障碍,常伴有相应的认知和行为改变。临床表现为躁狂发作、抑郁发作、躁狂和抑郁交替发作或混合发作,可伴有精神病性症状。多为间歇性病程,具有反复发作的倾向,发作间期精神活动基本正常，部分可有残留症状或转为慢性病程。青少年的抑郁发作和成人有近似的核心症状。国外资料显示，青少年心境障碍患病率为4%~8%，女性和男性之比为(2~3)∶1。

4. 进食障碍　是一组以进食或与进食相关行为异常为主的精神障碍，伴有明显的躯体及心理社会功能障碍，并非继发于躯体或其他精神疾病。青少年的进食障碍主要包括异食癖、神经性厌食、神经性贪食和暴食障碍，其中以神经性贪食和暴食障碍多见。据国外统计，约有3%的青少年女性有进食障碍；国内的研究显示，进食障碍的患病率为1.3%~4.98%。

3

第三部分

传染病防控与预防接种

一、传染病防控基本知识

（一）传染病

传染病是由细菌、病毒等各种病原微生物引起的一类疾病，可通过一定的传播方式在人与人之间或人与动物之间传播，可严重威胁人类健康。

1. 目前对人类健康威胁较大的传染病　传染病种类繁多，在我国，需要报告的法定传染病有39种。《中华人民共和国传染病防治法》规定，传染病分为甲、乙、丙三类。甲类传染病是指鼠疫、霍乱；乙类传染病包括传染性非典型肺炎、艾滋病、病毒性肝炎、脊髓灰质炎、人感染高致病性禽流感、麻疹等；丙类传染病是指流行性感冒、流行性腮腺炎、风疹等。新型冠状病毒肺炎被纳入乙类传染病，采取甲类管理。

2. 传染病的危害　传染病首先会对个体健康造成严重侵害，引起严重的疾病过程，严重者可引起死亡。传染病流行可造成严重的社会影响，影响人们正常的生活、学习和工作秩序，甚至引起社会恐慌，影响经济社会正常的运行。

3. 传染病流行　即传染病在人群中造成传播、发生流行的过程，根据传染病流行的强度和广度，可分为散发、流行、大流行和暴发流行等。

4. 传染病在人群中传播的条件　传染病传播需要3个必要的

条件，即传染源、传播途径和易感者。这3个条件形成一个完整的传染病流行链条，即病原微生物由传染源通过一定方式排出，经过一定的传播途径造成新的易感者感染。新的感染者又会作为传染源，造成更新的感染。

5. 传染病的传播途径　传播途径可分为水平传播和垂直传播。水平传播是指病原体在人群个体间的传播，常见的传播途径有呼吸道传播、消化道（粪-口途径）传播、直接接触传播以及经节肢动物叮咬传播等，此外还有经接触含病原体的疫水或土壤传播和医源性传播。垂直传播即母婴传播，是指病原体由母体传给子代。

6. 控制传染病流行　控制好传染病传播的3个主要环节，即控制传染源、切断传播途径、保护易感人群，就能很好地控制传染病流行。

7. 控制传染源　首先要发现感染者，做到早发现、早诊断、早隔离、早治疗，防止更多的易感人群被感染。与传染源（患者、病原携带者、疑似患者）有过密切接触并可能感染者，应在指定场所采取必要的预防措施。

8. 切断传播途径　需要根据具体的传播途径采取相应的措施。对于呼吸道传播的传染病，戴口罩、勤洗手、常通风、少去人群聚集的公共场所等；对于消化道传播的传染病，加强饮水卫生和食品卫生、饭前便后洗手等，可有效切断传播途径；对于蚊虫叮咬传播的传染病，消灭蚊虫则是切断传播途径的有效措施。

9. 疫苗可控制传染病流行　接种疫苗可使接种者个体免受传染病的危害，还可在易感人群中建立免疫屏障，阻止病原体在人群中传播，从而有效控制传染病流行。

（二）疫苗

疫苗是一种生物制品，接种后可使人体产生针对某种特定病原体的免疫力，进而保护人体免受病原体的危害。所以说，疫苗是保护我们每个人的“隐形的翅膀”。

1. 疫苗的制备　制备疫苗是个“技术活儿”，通常是由细菌、病毒等病原微生物或其代谢产生的外毒素等经过人工减毒、灭活等方法制成，也可用基因工程的方法制备疫苗。

2. 疫苗的种类　有减毒活疫苗、灭活疫苗、基因工程疫苗等。几种不同的疫苗还可以组合在一起制成联合疫苗，这样人接种一种疫苗可以获得多种保护。

3. 疫苗的安全性　疫苗制备成功后，仅保留了病原微生物刺激机体产生免疫力的特性，而失去了病原微生物的致病性，所以接种疫苗是不会得传染病的。另外，我国对疫苗实行严格的监管和批签发制度，保证上市疫苗的质量和安全性。但由于疫苗本身的特性和接种者的个体差异，部分人接种疫苗后可能会发生不良反应，但大多数可自愈，严重不良反应的发生率是极低的。

4. 接种疫苗的机构　一般的疫苗，在城市地区的社区卫生服务中心、农村地区的乡镇卫生院或一些指定医疗卫生机构的接种门诊即可接种。

5. 接种疫苗需要注意的问题　接种疫苗前要保持放松心态，要将身体健康状况如实告知接种医生，以便判断是否适合接种疫苗。接种疫苗后，不要急于离开，要在接种门诊留观 30 分钟，确认没有发生不良反应后再离开。

6. 需要接种疫苗的人群　对传染病易感的人都可接种疫苗。

（三）预防接种政策

1. 我国预防政策特点　根据《中华人民共和国疫苗管理法》的规定，我国疫苗包括免疫规划疫苗和非免疫规划疫苗。免疫规划疫苗是指根据国家及省、自治区、直辖市人民政府规定需要接种的疫

苗，也包括开展应急接种或群体性预防接种所使用的疫苗。非免疫规划疫苗是指由居民自愿接种的其他疫苗。我国实行免疫规划制度，政府免费向居民提供免疫规划疫苗。

2. 我国国家免疫规划儿童常规接种疫苗　包括乙肝疫苗、卡介苗、脊灰灭活疫苗、脊灰减毒活疫苗、百白破疫苗、白破疫苗、麻腮风疫苗、甲肝减毒活疫苗（或甲肝灭活疫苗）、乙脑减毒活疫苗（或乙脑灭活疫苗）、A 群流脑多糖疫苗、A 群 C 群流脑多糖疫苗等。

3. 预防接种证　国家对儿童实行预防接种证制度。预防接种证是记录儿童接种疫苗的凭证，记录了接种疫苗的信息。在入托、入学、入伍或入境特定国家 / 地区时，均需要查验预防接种证。

托幼机构及学校在办理入托、入学手续时查验预防接种证，可判断是否全程完成了免疫规划疫苗的接种，未完成者应及时安排补种。中学阶段接种了非免疫规划疫苗，也应记录在预防接种证上。中学生异地转学、上大学、入伍或出国时，要根据预防接种证记录的信息判断是否需要补种疫苗。

4. 中学生不可以自己决定接种疫苗　中学生应对传染病的危

害和疫苗的作用有充分的了解，积极主动接种疫苗。但中学生还是未成年人，需要监护人知情同意后才能接种疫苗。

5. 儿童居住地改变后不必回原籍接种疫苗　我国预防接种实行居住地管理，儿童离开原居住地期间，由现居住地承担预防接种工作的接种单位负责对其实施接种。

二、国家免疫规划疫苗

（一）国家免疫规划儿童常规接种疫苗针对的传染病

国家免疫规划儿童常规接种疫苗针对的传染病有乙型病毒性肝炎、结核病、脊髓灰质炎、百日咳、白喉、破伤风、麻疹、风疹、流行性腮腺炎、流行性乙型脑炎（简称乙脑）、流行性脑脊髓膜炎（简称流脑）和甲型病毒性肝炎 12 种。此外，重点人群接种疫苗可以预防的传染病包括流行性出血热、炭疽和钩端螺旋体病 3 种。

（二）国家免疫规划疫苗针对传染病的预防策略

1. 国家免疫规划疫苗儿童免疫程序　见表 1。

2. 预防接种的组织形式

(1) 常规接种：接种单位按照国家免疫规划疫苗儿童免疫程序、疫苗使用指导原则、疫苗使用说明书，在相对固定的接种服务周期时间内，为接种对象提供的预防接种服务。

(2) 群体性预防接种：指在特定范围和时间内，针对可能受某种传染病威胁的特定人群，有组织地集中实施的预防接种活动。补充免疫（原称为“强化免疫”）是较为常见的一种群体性预防接种形式。

(3) 应急接种：在传染病流行开始或有流行趋势时，为控制疫情蔓延，对易感人群开展的预防接种活动。

表 1　国家免疫规划疫苗儿童免疫程序表（2020 年版）

疾病	疫苗	英文缩写	接种起始年龄														
			出生时	1 月龄	2 月龄	3 月龄	4 月龄	5 月龄	6 月龄	8 月龄	9 月龄	18 月龄	2 岁	3 岁	4 岁	5 岁	6 岁
乙型病毒性肝炎	乙肝疫苗	HepB	1	2					3								
结核病	卡介苗	BCG	1														
脊髓灰质炎	脊灰灭活疫苗	IPV			1	2											
	脊灰减毒活疫苗	bOPV					3								4		
百日咳、白喉、破伤风	百白破疫苗	DTaP				1	2	3				4					
	白破疫苗	DT															5
麻疹、风疹、流行性腮腺炎[1]	麻腮风疫苗	MMR								1		2					
流行性乙型脑炎[2]	乙脑减毒活疫苗	JE-L								1			2				
	乙脑灭活疫苗	JE-I								1、2			3				4
流行性脑脊髓膜炎	A 群流脑多糖疫苗	MPSV-A							1		2						
	A 群 C 群流脑多糖疫苗	MPSV-AC												3			4
甲型病毒性肝炎[3]	甲肝减毒活疫苗	HepA-L										1					
	甲肝灭活疫苗	HepA-I										1	2				

注：1. 2 剂次麻腮风疫苗免疫程序从 2020 年 6 月开始实施。

2. 选择乙脑减毒活疫苗接种时，采用 2 剂次接种程序。选择乙脑灭活疫苗接种时，采用 4 剂次接种程序；乙脑灭活疫苗第 1、2 剂间隔 7~10 天。

3. 选择甲肝减毒活疫苗接种时，采用 1 剂次接种程序。选择甲肝灭活疫苗接种时，采用 2 剂次接种程序。

三、非免疫规划疫苗

（一）非免疫规划疫苗针对的传染病

目前非免疫规划疫苗可预防的传染病有流行性感冒、水痘/带状疱疹、手足口病、肺炎球菌性疾病、轮状病毒性肠炎、狂犬病等。其中，流行性感冒、水痘容易在中学阶段造成学校暴发流行，而狂犬病则可发生在任何年龄段。

1. 流行性感冒　简称流感，是由流感病毒引起的一种急性呼吸道传染病，一般表现为急性起病、发热、头痛、乏力、食欲减退等全身症状。流感患者和隐性感染者是主要传染源，主要通过空气飞沫传播，也可通过口腔、鼻腔、眼睛等黏膜直接或间接接触传播。人群对流感病毒普遍易感。学校作为封闭的人群密集场所，容易造成流感病毒传播，导致暴发疫情的发生。

2. 水痘/带状疱疹　水痘是由水痘-带状疱疹病毒引起的急性传染病，具有高度传染性，表现为突起低热、轻微的全身症状和皮肤斑疹、水疱等，主要发生在婴幼儿和学龄前儿童，成人发病症状比儿童更严重。水痘/带状疱疹患者是主要传染源，传播途径为通过空气飞沫、接触患者水疱液或呼吸道分泌物、接触被患者水疱液或呼吸道分泌物污染的物品等，直接或间接接触传播。人群对水痘普遍易感，感染后可获得长久免疫力，但偶尔也会有再次感染的情况。部分隐性感染者成年后可发生带状疱疹。水痘暴发疫情

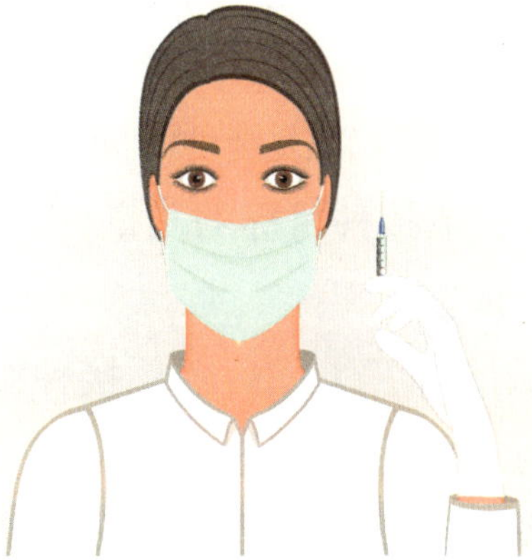

常发生在学校或其他公共机构。

3. 狂犬病 又称恐水症，是由狂犬病毒所致的以侵犯中枢神经系统为主的急性人兽共患传染病，一旦发生，病死率几乎 100%，目前只可预防不可治疗。患者发病前常出现焦虑不安、狂躁、头痛、发热、抑郁、感觉异常等症状，随着病情进展，逐渐出现怕水（恐水症）、谵妄、惊厥等。狂犬病的传染源是携带有狂犬病毒的动物，99% 的人类狂犬病病例是由患狂犬病犬类传播至人的。人类通常被已受感染的动物深度咬伤或抓伤后染上狂犬病，也可通过感染性物质（通常为唾液）直接接触人体黏膜或新近皮肤破损处传染，通过吸入含有病毒颗粒的气溶胶或移植已感染病毒的器官感染狂犬病的现象很罕见。

（二）常见非免疫规划疫苗的接种

1. 流感疫苗 我国批准上市的流感疫苗均为三价灭活流感疫苗（trivalent inactivated influenza vaccine，IIV3）和四价灭活流感疫苗（quadrivalent inactivated influenza vaccine，IIV4）。两种疫苗安全有效，对可接种不同类型、不同厂家疫苗产品的人群，可在流感流行前自愿接种任一种流感疫苗，无优先推荐。

2. 水痘疫苗 推荐 1~12 岁健康儿童按照程序接种 2 剂次水痘疫苗，第 1 剂次接种时间为 12~18 月龄，第 2 剂次接种时间为 3~4 岁。未完成接种目标的儿童，应尽快补齐 2 剂次疫苗，接种间隔不少于 3 个月。

3. 狂犬病疫苗 接种对象为被疑患狂犬病动物舔触、抓伤、咬伤者，或从事某些高风险职业的人员（接触狂犬病活病毒的人、狂犬病毒相关实验室工作人员以及可直接接触可能受到感染动物的人员),去高风险区旅行、在高风险地区生活或访问者等。

四、青少年应该如何预防传染病

(一)保证接种国家免疫规划疫苗

青少年要保证自己按照免疫程序接种国家免疫规划疫苗;对于非免疫规划疫苗,可根据情况选择接种。

(二)养成良好的生活习惯

青少年应生活作息有规律,保持充足的睡眠,加强锻炼,增强免疫力;注意衣、食细节,根据天气变化,适时增减衣物;合理安排好饮食,不吸烟、不喝酒,多饮水,摄入足够维生素,多摄入富含优质蛋白的食物,如瘦肉、禽蛋等。

(三)针对不同传染病特点采取相应防控措施

1. 针对呼吸道传播疾病,如结核病、麻疹、百日咳、水痘、带状疱疹、流脑、严重急性呼吸综合征(severe acute respiratory syndrome, SARS)、流感、新型冠状病毒肺炎等,应注意:在高发季节,尽量避免去人群聚集场所,避免接触呼吸道感染患者;保持良好的卫生习惯,勤洗手,咳嗽或打喷嚏时用纸巾、毛巾等遮住口鼻,咳嗽或打喷嚏后洗手,尽量避免触摸眼睛、鼻或口;去医院就诊时,做好自身防护(如戴口罩),避免交叉感染;学校出现呼吸道传染病病例时,提醒患者居家休息,减少疾病传播;教室、家里窗户要经常打开通风,保持室内空气清新。

2. 针对消化道传播疾病,如脊髓灰质炎、甲型病毒性肝炎和戊型病毒性肝炎等,应注意:加强公共卫生和个人卫生相关知识的学习,保持良好的环境卫生和饮食卫生习惯,做好灭蛆、灭蝇、灭蟑螂、灭鼠工作；做到饭前便后洗手，不喝生水，不吃不清洁、不新鲜的食物，牡蛎、蚌和其他贝壳类产品在食用前要加热、煮透等。

3. 针对血液、性传播疾病，如乙型病毒性肝炎、艾滋病等，应注意：加强血液及血液制品管理，加强医院内感染控制，严格消毒透析设备、肠镜、胃镜、手术器械、牙科器械等医疗器械；不到非正规的场所进行文身、打耳孔、文眉、修脚、针灸、刮痧、拔牙等操作；严禁吸毒，不与他人共用注射器；不借用或共用牙刷、剃须刀、刮脸刀等个人用品；坚持洁身自爱，避免高危性行为，在性行为中使用安全套等。

4. 针对虫媒传染病，如乙脑、疟疾、登革热等，应注意：搞好个人卫生和环境卫生，控制和清除媒介昆虫节肢动物滋生地，减少媒介栖息地，改善居住环境，减少人虫接触的机会；定时对周围居住环境灭鼠、灭蚤、灭虱、灭蚊；如要进入野外或森林，做好防护措施。

5. 针对接触传播疾病，如狂犬病、布鲁氏菌病、手足口病、新生儿破伤风等，应注意：避免接触患者、患畜的血液、体液、分泌物等，若必须接触，做好个人防护，戴上手套；在日常生活中注意个人卫生，保持双手清洁，并用正确的方法洗手，患者用过的物品须清洗及消毒，不共用毛巾及其他个人物品等。

五、新发传染病及其预防控制

（一）新发传染病基本知识

新发传染病是相对于人类以往认知较清楚的传染病而言，指由近年来新认知或新出现的病原微生物引起的、可造成地区性或更广范围传播的传染病。

20 世纪 70 年代以来，新发传染病有 40 余种，而且其病原微生物种类复杂，如艾滋病、肾综合征出血热、O139 型霍乱、莱姆病、疯牛病、埃博拉出血热、禽流感、手足口病、SARS 和新型冠状病毒肺炎等。

1. 新发传染病的特点　新发传染病病原体种类繁多、传播途径各异、发展速度快、波及范围广、受感染人数多，并且由于人类对其缺乏认识，早期发现和诊断困难，尚未建立有针对性的预防和治疗方法，人体又无天然免疫力，可对健康造成严重危害，同时给社会带来极大的防控压力。

2. 新发传染病出现原因　一方面，人类认知能力提高，对过去已存在的疾病有了新的认识。另一方面，人类对自然界过度开发、与野生动物接触以及气候、自然生态改变等增加了人类感染新病原的机会，而人类社会城市人口增多、人口流动性增强、交通运输业和贸易的发展等也为传染病的传播提供了条件。对新发传染病缺乏认知和有限的公共卫生系统应对能力，对人类应对新发传染病提出了严峻挑战。

3. 新发传染病的防控　人们首先要控制好自己的行为，以敬畏之心保持好生态平衡，与自然和野生动物保持安全距离，做到人与自然和谐共生。其次，要做好疾病监测，对新发传染病保持高度警惕，做好新发传染病防控预案，提高公共卫生应对能力，动员全社会做好新发传染病防控。面对新发传染病的流行，需要全球各国加强合作，信息共享，建立全球联动的防控网络，加强基础科学研究，做好技术储备，协同应对人类共同的敌人。

（二）新型冠状病毒肺炎及其防控

1. 新型冠状病毒　冠状病毒是广泛存在于自然界的一大类病

毒。此病毒在电子显微镜下可见如日冕般外围的冠状，因此被称为冠状病毒。它可引起人类发生疾病，患者表现从普通感冒到重症肺部感染不等。2019年年末导致全球新型冠状病毒肺炎疫情的2019新型冠状病毒（2019-nCoV）是目前已知的第7种可以感染人的冠状病毒。

2. 新型冠状病毒的致病特点　新型冠状病毒主要的传播途径是经呼吸道飞沫传播和密切接触传播，接触病毒污染的物品也可造成感染，在相对封闭的环境中长时间暴露于高浓度气溶胶情况下存在经气溶胶传播的可能。人感染冠状病毒后的常见表现有发热、呼吸道症状（如咳嗽、气促和呼吸困难）等。较严重病例可发生肺炎、急性呼吸窘迫综合征、肾衰竭，甚至死亡。各个年龄段的人都可能被感染。新型冠状病毒肺炎被我国纳入乙类传染病，并采取甲类管理措施。

3. 个人新型冠状病毒肺炎防控措施　个人要根据新型冠状病毒疫情防控建议，尽量居家，减少走亲访友、聚会聚餐，尽量减少到空气不流通或人流密集的公众场所活动；要做好卫生防护，戴口罩，保持手卫生；注意保持室内环境卫生和空气流通。乘坐公共交通工具时，应全程佩戴医用外科口罩或N95口罩；随时保持手卫生，减少接触交通工具的公用部位；避免用手接触口鼻和眼睛，必要时可使用含酒精成分的免洗洗手液；打喷嚏或咳嗽时用手肘衣服遮住口鼻；留意周围旅客健康状况，避免近距离接触。做好自身健康状况监测，如有发热、呼吸道感染症状，及时到医疗机构就诊，途中要全程佩戴口罩，尽量避免接触其他人。有疫情高发地区居住史或旅行史的人，要根据各地疫情防控要求，居家或在指定场所进行医学观察14天；就医时主动告诉医生旅行、居住史，配合医生开展相关调查。

4. 学校疫情防控　有近期疫情高发地区居住史或旅行史的师生，应居家隔离14天后再返校；应每天做好体温监测，做好缺勤、早退、请假记录；尽量减少外出，尽量不去通风条件差、人多拥挤的场所，避免接触其他人员。与其他学生和老师发生近距离接触时，要佩戴口罩；学校应尽量避免组织大型集体活动，公共场所加强通风清洁，配备洗手液和手消毒剂等。

5. 疫情过后应保持好的卫生习惯 为做好新型冠状病毒肺炎疫情防控，人们要按照防控要求，注意个人卫生。疫情结束后，大家还要继续提高卫生意识，坚持好健康文明的生活习惯，做到讲卫生、勤洗手，打喷嚏、咳嗽时掩口鼻，在公共场所戴口罩，进餐用公筷或推行分餐制，减少交叉感染。同时，应注意加强健康监测，如有发热、干咳等症状，应佩戴口罩、避免与家人近距离接触，并及时就医。

（三）新发传染病防控政策制定

1. 国家对传染病防控如何做出响应 传染病疫情发生后，各级人民政府会根据对突发公共卫生事件影响及其发展趋势进行的综合评估和分析研判，启动不同级别的响应。根据突发公共卫生事件性质、危害程度、涉及范围，突发公共卫生事件划分为特别重大（Ⅰ级）、重大（Ⅱ级）、较大（Ⅲ级）和一般（Ⅳ级）四级。其中Ⅰ级响应是在发生特别重大突发公共卫生事件时，省指挥部根据国务院的决策部署和统一指挥，组织协调本行政区域内应急处置工作。我国 2019 年年末新型冠状病毒肺炎疫情发生时，就有多个省份启动了重大突发公共卫生事件Ⅰ级响应机制。

根据对新型冠状病毒肺炎的病原学、流行病学、临床特征等特点及其对人群健康危害程度的认识，国家卫健委将新型冠状病毒肺炎纳入乙类传染病。新型冠状病毒是新发现的病原，传播力和毒力还需要进一步观察，而且，新型冠状病毒肺炎是以呼吸道传播为主的传染病，因此，采取患者隔离治疗、密切接触者隔离医学观察等甲类传染病预防控制措施，有利于迅速有效控制疫情，是出于对人民健康高度负责的考虑。

2. 个人如何遵守国家传染病疫情防控政策 个人要理解、信任、支持国家制定的疫情防控政策，不听信、不传播不实信息，服从本辖区人民政府的统一指挥和管理，积极主动配合相关部门做好疫情防控工作。要及时报告患者、与患者密切接触者以及其他需要开展医学观察及隔离治疗人员的情况；要做好自我防护，保持好手卫生，减少外出，减少聚会，进入公共场所佩戴口罩；依法接受涉及疫情的调查、监测、隔离观察、集中救治等防控措施。

4

第四部分

HPV 感染与 HPV 疫苗

一、HPV 防治基本知识

（一）什么是 HPV

人乳头瘤病毒（human papillomavirus，HPV）是一种双链环状 DNA 病毒，主要通过性接触传播，感染人类的皮肤或黏膜。对大多数人而言，HPV 感染常是一过性的，即在引起细胞发生异常改变之前，人体自身免疫力就能将病毒完全清除，不会对健康构成威胁，但对于有些人而言，HPV 感染可能会持续存在。

目前已发现的 HPV 型别约有 200 多种，其中超过 50 种 HPV 型别可引起男性和女性生殖道感染，也可引起口腔和咽喉的感染。HPV 根据致癌性分为高危型 HPV 和低危型 HPV。HPV-16、18、31、33、35、39、45、51、52、56、58、59、66 和 68 等 14 种高危型 HPV，经确认具有致癌性。研究发现，高危型 HPV 感染与子宫颈癌的发生相关，在 99.7% 的子宫颈癌病例中都能检测到高危型 HPV。此外，高危型 HPV 还可导致口咽、肛门、阴茎、外阴、阴道等部位的癌症。低危型 HPV 感染不会引起癌变，但可引起肛门 - 生殖器疣和复发性呼吸道乳头瘤样增生等疾病，常见的低危型 HPV 有 HPV-6 型和 HPV-11 型。

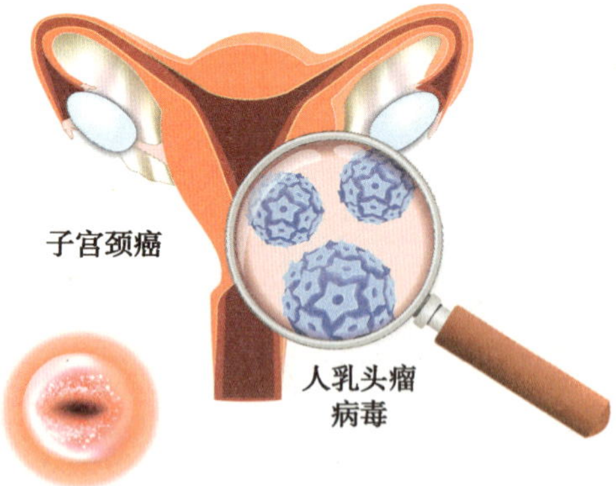

（二）HPV 与子宫颈癌

1. HPV 感染　有资料显示，大约 80% 的人一生中会感染或接触 HPV。HPV 感染没有任何症状，因此大部分人并不知道自己已经感染了 HPV,甚至在不知情的情况下,将病毒传染给自己的伴侣。

2007 年世界卫生组织立场文件显示,HPV 感染与全球约 4.5% 的癌症新发病例相关,其中最主要的就是子宫颈癌。子宫颈癌(又称宫颈癌)是一种发生在女性子宫颈部的癌症,常见类型有宫颈鳞癌(占 70%~85%)和宫颈腺癌(占 20%~25%)。

尽管 HPV 与子宫颈癌相关,但并非感染了 HPV 就一定会得子宫颈癌。绝大多数 HPV 感染为无症状的一过性感染。研究显示,HPV 可在 6~24 个月内被机体清除,清除率可达 70%,只有少数人在第 24 个月持续感染。只有持续感染高危型 HPV,才可能导致宫颈上皮细胞癌变。研究表明,从 HPV 感染发展到子宫颈癌,一般要经

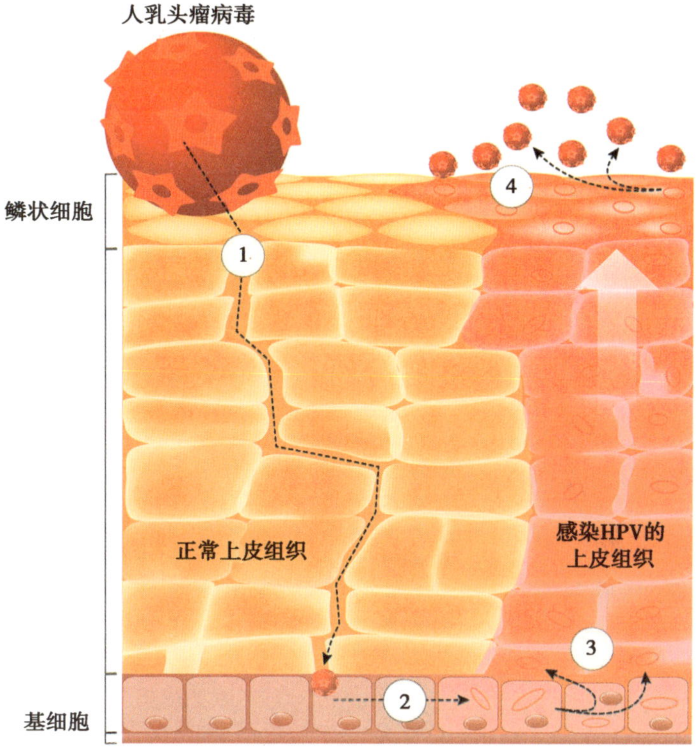

1. HPV侵入上皮层
2. 被感染的基细胞
3. 上皮层中的HPV
4. 病毒复制

历 4 个阶段:HPV 感染→ HPV 持续感染→子宫颈癌前病变→子宫颈癌。通常 HPV 持续感染需要经过 10~20 年的自然演化才会发展为癌。

2. 子宫颈癌流行现况　世界卫生组织 / 国际癌症研究机构 2018 年公布的全球癌症最新数据显示,全球范围内子宫颈癌年新发病例数约为 57.0 万,死亡人数约为 31.1 万,是女性新发癌症病例的第 2 大死亡原因。其中,超过 85% 的子宫颈癌新发病例患者来自发展中国家,而这些国家普遍存在 HPV 疫苗接种率低、子宫颈癌筛查普及度较低、治疗可及性较差及卫生资源缺乏等情况。

2018 年中国子宫颈癌新发病例近 11 万人,死亡病例近 5 万人,即平均每 5 分钟就有 1 名女性被诊断为子宫颈癌,每 11 分钟至少有 1 名女性因子宫颈癌而失去生命。子宫颈癌已成为严重威胁我国女性健康的重大疾病。

(三) HPV 与其他疾病

除子宫颈癌外,HPV 感染还与多种疾病,如生殖道相关疾病(生殖器疣、外阴癌、阴道癌、阴茎癌等)、口腔相关疾病(口腔鳞状细胞乳头状瘤、口腔鳞状细胞癌等)以及肛门癌等的发生相关。据报道,2012 年在全球 1 400 多万新发癌症病例中,4.5% 与 HPV 感染有关,其中 HPV 感染引起约 5.3 万例子宫颈癌、3.5 万例肛门癌、1.3 万例阴茎癌、8 500 例外阴癌、1.2 万例阴道癌、2.9 万例口咽癌、4 400 例口腔癌和 3 800 例喉癌。此外,低危型 HPV 感染可引起生殖器疣、复发性呼吸道乳头状瘤病等良性病变。据估计,约 90% 的生殖器疣由 HPV-6 型和 HPV-11 型感染引起,而全球生殖器疣的年发病率(包括新发和复发病例)为 160~289/10 万。

(四) 我国女性 HPV 感染的年龄特点

HPV 感染并非“中年病”,性活跃的年轻女性更容易感染 HPV。

我国女性 HPV 感染呈现“低龄高龄双峰曲线”特点：第一个感染的高峰在 15~24 岁，这可能与越来越多年轻人的性观念改变，容易接受婚前性生活或多个性伴侣的生活方式有关。一旦发生性行为，HPV 感染率将快速上升，因此，年轻女性的预防问题变得愈发重要。研究显示，15~16 岁发生初次性行为者感染 HPV 的危险性是≥21 岁者的 2.55 倍；而不足 15 岁发生初次性行为者感染 HPV 的危险性是≥21 岁者的 3.32 倍。由此可见，初始性行为开始年龄越小，感染 HPV 的危险性就越高。HPV 感染的第二个高峰在 40 岁以后，这可能与大龄女性激素水平变化等引起自身免疫功能衰退，导致 HPV 易感性增加及自身免疫清除能力下降有关。双峰现象提示我们：对 HPV 感染的防护需及早开始，并持续一生；鉴于不同年龄组感染的结局不同，应采取不同的预防策略和措施。

（五）与子宫颈癌相关的 HPV 型别

几乎 100% 的子宫颈癌都是由高危型 HPV 持续感染引起的。现已明确的高危型 HPV 有十余种，但究竟哪几种才是最主要的危险型别呢？

全球范围内，HPV-16 型和 HPV-18 型是子宫颈癌最常见的致病型别，累计导致超过 70% 的子宫颈癌病例，同时还引起约 87.0% 的肛门癌、72.6% 的外阴癌、63.7% 的阴道癌、70.2% 的阴茎癌和 84.9% 的头颈部癌症。

我国宫颈鳞癌患者中，高危型 HPV 感染率约为 97.6%，其中 HPV-16 型和 HPV-18 型最常见，感染率约占 84.5%。宫颈腺癌患者中，高危型 HPV 感染率约为 74.5%，其中 HPV-16 型和 HPV-18 型的感染率分别为 35.1% 和 30.6%，不同类型宫颈腺癌的高危型 HPV 感染率不同，在 33% 至 100% 之间。因此，我国需高度关注以 HPV-16 型和 HPV-18 型为主的高危型 HPV 感染，及时展开预防和保护。

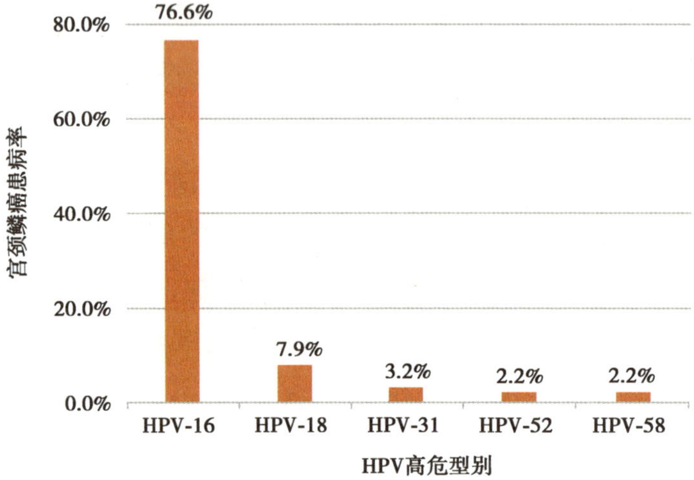

我国宫颈鳞癌患者高危 HPV 型别占比

（六）HPV 的传染源和传播途径

1. 传染源　HPV 的传染源主要是患者或病毒感染者，尤其是在患者的生殖器皮肤或黏膜内含有 HPV 病毒，可通过性接触而传染给配偶或其他性伴侣，也可在同性恋者中互相传染。

2. 传播途径　HPV 感染在人群中普遍存在，其主要的传播途径如下。

(1) 性传播：是 HPV 感染最主要的传播途径。同性或异性性行为中的黏膜接触均可造成 HPV 感染。HPV 可通过阴道性交、肛交和口交等方式传播，常见于有性生活的女性。正确使用避孕套会降低 HPV 的感染风险，但并不能提供完全保护，HPV 仍可以感染避孕套覆盖不到的区域。此外，共享性物品（如性玩具）、外生殖器和污染物，也可能感染 HPV。但一起用餐、握手、共用一张床、共用马桶等行为不会感染 HPV。当然如果没有好的卫生习惯，被感染的手接触外阴或阴道是会存在感染风险的，被 HPV 污染的内裤、卫生用品也会传播 HPV。

（2）母婴传播：是指病原体（HPV）通过母体经胎盘或血传给胎儿的传播。根据 HPV 传播的时期，可将母婴垂直传播分为三类：受精前后、产前（妊娠期间）、围生期（出生时及出生后），常见于生殖道感染 HPV 的母亲在分娩过程中传播给新生儿。例如，儿童呼吸道复发性乳头状瘤可能就是患儿在分娩过程中从阴道分泌物获得 HPV-6 型和 HPV-11 型感染所致。

（3）其他途径：密切接触，主要是皮肤接触，包括但不限于会阴部皮肤接触，如口对口亲吻、拥抱等。HPV 可寄生在身体其他部位，如口腔、咽喉、皮肤和肛门等，并诱发相应部位的肿瘤。间接接触，主要是指接触感染者的衣物、生活用品、用具等。医源性感染，指医务人员在进行治疗、护理操作时，因防护不当在医院内接触带有 HPV 的污染物、感染者的衣物及生活用品等造成自身感染或通过医务人员传播给患者。

3. 容易感染HPV的人群 HPV 感染是一种常见的主要通过性行为传播的疾病，其感染率的高低主要取决于人群的年龄和性行为习惯。年轻的性活跃女性宫颈部位 HPV 感染率最高，感染高峰年龄在 20 岁左右。此外，有多个性伴侣或性交频繁者、初次性交年龄低的女性、男性伴侣有其他 HPV 感染性伴侣的女性、感染艾滋病病毒的女性、患有其他性传播疾病（尤其是多种性传播疾病混合存在）的女性也是 HPV 的常见易感人群。

4. 影响人群HPV易感性的因素 促使 HPV 感染持续存在并进展为癌的易感因素主要包括两大类：一是生物学因素，主要包括细菌、病毒和衣原体等各种微生物的感染，如 HIV 病毒、沙眼衣原体和奈瑟菌等；二是行为危险因素，主要包括性生活过早、多性伴侣、多孕多产、吸烟、长期口服避孕药、营养不良以及保健意识缺乏等。

二、HPV 疫苗

癌症在人们的观念里总以无法战胜的恶魔形象出现，很难治愈。但是现在却有一种疫苗可以有效地预防宫颈癌的发生。这就是世界上唯一的癌症预防性疫苗——HPV 疫苗，也就是人们常说的宫颈癌疫苗。

（一）现有 HPV 疫苗的比较

在世界范围内，常见的 3 种预防性 HPV 疫苗分别于 2006 年、2007 年和 2014 年上市。一种是针对 HPV-16 型和 HPV-18 型的双价疫苗，该疫苗采用了新型佐剂系统（AS04），可以增强免疫反应，延长针对致癌型病毒的保护时间，主要预防 HPV-16 型和 HPV-18 型引起的子宫颈癌前病变及子宫颈癌。另两种是针对 HPV-6/11/16/18 型的四价疫苗和针对 HPV-6/11/16/18/31/33/45/52/58 型的九价疫苗。四价疫苗可用来预防由 HPV-16 型和 HPV-18 型引起的子宫颈癌及癌前病变和由 HPV-6 型和 HPV-11 型引起的生殖器疣。九价 HPV

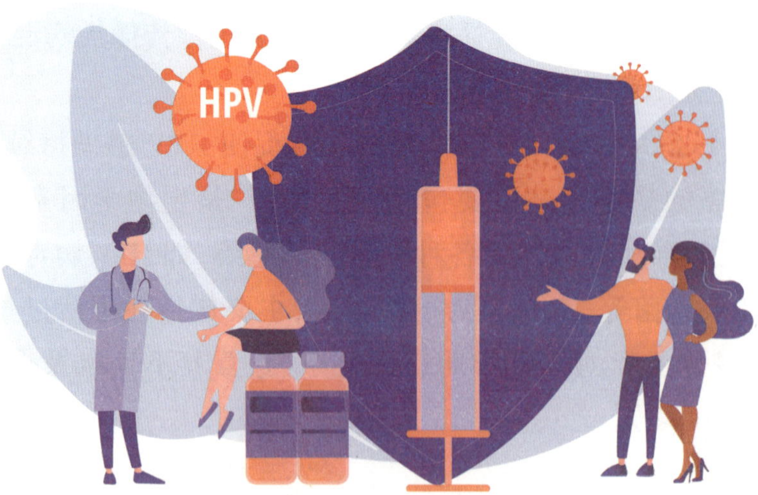

疫苗被批准用于预防 HPV-16/18/31/33/45/52/58 型 HPV 引起的宫颈癌、外阴癌、阴道癌和肛门癌，以及 HPV-6 型或 HPV-11 型 HPV 引起的生殖器疣预防。这三种预防性 HPV 疫苗均经肌内注射。2016 年、2017 年、2018 年双价、四价和九价 HPV 疫苗先后获得中国上市许可。

值得骄傲的是，由厦门大学研究团队自主研发的首个国产重组人乳头瘤病毒疫苗在 2019 年 12 月获得国家药品监督管理局批准上市，中国也成为继美英后第三个成功研发生产 HPV 疫苗的国家。

（二）应该接种 HPV 疫苗的人群

世界卫生组织推荐 9~14 岁未发生性行为的女孩作为 HPV 疫苗的首要接种对象。在没有性生活前接种 HPV 疫苗是最理想的，且接种的年纪越年轻，抗体滴度水平越高，预防效果越好。

（三）HPV 疫苗的安全性

HPV 疫苗作为基因工程重组疫苗，由纯化的病毒外壳蛋白抗原组装成特异性空壳或类病毒颗粒，没有生物活性和病毒 DNA，所以不具感染性和致癌性，从而保障了疫苗的安全性，因此接种后不会造成 HPV 感染。虽然接种 HPV 疫苗存在一定局部及全身的不良反应，但是世界卫生组织和美国及欧洲等国一致认为 HPV 疫苗是安全、有效的，其获益大于风险。目前该疫苗已在包括我国在内的全球 160 多个国家和地区上市，全球范围内已有超过 2 亿支 HPV 疫苗被接种，很多发达国家更是将 HPV 疫苗纳入国家免疫规划。

（四）HPV 疫苗的保护效果

国外针对双价、四价和九价 HPV 疫苗开展的长期(2~9.4 年不等)随访数据显示，3 种疫苗预防 6 个月、12 个月的 HPV 持续感染保护率分别为 96.9%~100% 和 94.3%~100%，对子宫颈上皮内病变的保护率达 90.4%~100%。总体而言，HPV 疫苗具有良好的安全性、高度免疫原性，能够诱导高的抗体滴度，可有效降低持续性 HPV 感染发生率和 HPV 相关临床疾病的患病风险。

（五）HPV 疫苗的接种方案

为使接种疫苗能得到最好的免疫效果，按照我国已上市的 HPV 疫苗说明书规定，应该接种 3 剂。已上市的进口双价 HPV 疫苗，分别在 0 个月、1 个月、6 个月接种 1 剂次，共接种 3 剂。四价和九价 HPV 疫苗，分别在 0 个月、2 个月、6 个月接种 1 剂次，共接种 3 剂。国产双价 HPV 疫苗分别在 0 个月、1 个月、6 个月接种 1 剂次，共接种 3 剂；9~14 岁女性也可选择采用 0 个月、6 个月分别接种 1 剂次（间隔不小于 5 个月）的免疫程序。

（六）HPV 疫苗的不良反应

HPV 疫苗的不良反应与其他疫苗类似。常见的不良反应包括：手臂注射部位的红肿、疼痛、轻微头疼或感觉倦怠、恶心眩晕以及肌肉或关节疼痛。非常罕见的情况下会出现其他不良反应。但整体而言，大部分疫苗接种人群是没有任何症状或不良反应的。

需要注意的是，对疫苗中任何活性成分或辅料严重过敏者不应接种 HPV 疫苗，以免发生严重不良反应。另外，接种者应在接种后 30 分钟内接受观察，以便在万一发生过敏等症状时，可以接受及时、有效的治疗。

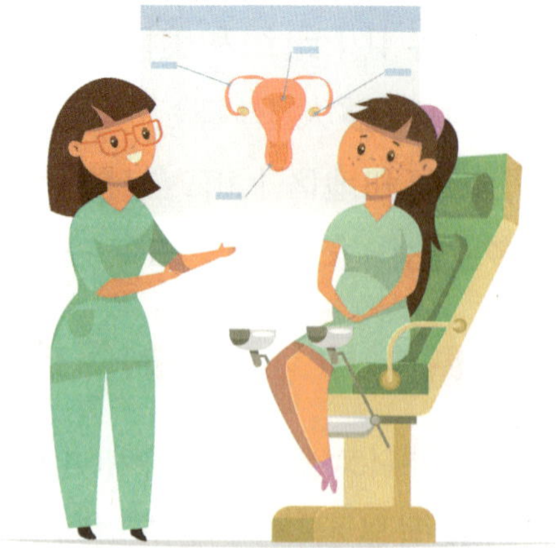

三、常见问题

（一）还在读书的学生，没有性生活，需要接种 HPV 疫苗吗

HPV 疫苗在性生活开始前接种才能发挥最大的作用，对接种者提供最好的保护。因此，世界卫生组织推荐 9~14 岁的女孩为 HPV 疫苗接种的最佳人群。

（二）男孩可以接种 HPV 疫苗吗

可以接种。HPV 病毒可通过性传播，因此男性接种 HPV 疫苗能够保护伴侣免受感染。更为重要的是，男性接种 HPV 疫苗能够预防肛门癌、阴茎癌、生殖器疣（尖锐湿疣）等疾病的发生。因此，国外不少国家和地区（如美国、欧盟和澳大利亚）已对 9~26 岁男孩和男性开展 HPV 疫苗接种覆盖。但目前，我国大陆地区并未批准 HPV 疫苗用于男性接种的适应证，所以暂时男性还不能在我国大陆地区接种 HPV 疫苗。

（三）是否 HPV 疫苗价数越多效果就越好

世界卫生组织指出，从公共卫生学角度而言，双价、四价和九价 HPV 疫苗在免疫原性、预防 HPV-16 型和 HPV-18 型相关子宫颈癌的效力和效果方面无差别。因此，不能简单地认为价数越多越好，尽早接种才更为重要。

5

第五部分

艾滋病防治知识

一、青春期谈谈性

（一）两性交往

步入青春期的你，是否曾经对某个异性同学产生好奇、好感、爱慕，并渴望与之接近、交往？说到这个问题，你会不会觉得有些害羞？其实，爱一个人是一件很美好的事情，并不羞耻。如果两个人相互喜欢，用心为对方好，在这个过程中相互帮助，相互欣赏，共同进步，从这个角度去看，恋爱是可以促进成长的！可是，我也要善意地提醒大家，中学生年龄尚小，心智还不十分成熟，有时候会很难分辨和控制自己的感情，容易沉迷于某一件事中不可自拔。而且，中学阶段恰恰是学习成长的关键阶段，第一要务是学习，如果沉迷于恋爱当中，容易影响学业和身心健康。那么，我们应该如何注意两性交往的界限呢？

我们应该以平常的心态对待两性交往，既不必羞怯忸怩，也不要神神秘秘。两性交往要以真诚为前提，同时注意保持适当的距离和余地，不能毫无顾忌。比如，谈话中涉及两性之间的一些敏感话题时要回避，交往中的身体接触要把握必要的分寸等。交往时，首先要做到自尊自爱，爱护自己的尊严和名誉，珍惜自己的人品和人格，并且懂得保护自己，要学会拒绝，学会控制自己的情绪和行为。另一方面，也要学会尊重对方的意愿，不可向对方提出无理要求，强迫对方服从自己的意志，不要随意干扰别人的生活和学习。

（二）性安全

除了刚才说到两性交往的界限，异性交往还要守住一个底线，即了解性健康知识，知道如何保护自己，不发生危险性行为，不让自己的健康和人生遭受危害。如果发生性行为，且保护措施不当，可能导致意外妊娠，少女进行人工流产易引起感染、不孕等并发症。不安全的性行为还会增加感染性病和艾滋病的风险。另外，过早的性体验可能影响成年后配偶的选择，给婚后的生活留下潜在的阴影。

女孩子要特别注意安全性行为！因为男性和女性生理上的差别，当发生性行为时，性病更容易从男传给女。而且，女性感染性病后症状不太明显，不容易被发现。一旦发生意外妊娠，无疑会给女孩子的身体和心理造成沉重的负担。因此，女孩子要特别注意自己的“性安全”。

（三）防止性侵害

近年来，青少年遭受性侵害的案件不绝于耳。不同于其他身体伤害，性侵害不仅会带来身体的创伤，还会给心灵造成巨大伤痛，严重影响青少年的健康成长。那么，作为弱势群体的青少年，如何能够预知危险的来临，并在发生性侵害时勇敢地保护自己？

性侵犯是指任何非自愿的、带有威胁性质的、与性相关的攻击行为。通常，性侵犯可分为非身体接触型和身体接触型两种。非身体接触型包括对青少年说下流话、开性玩笑、打性骚扰电话、向青少年暴露生殖器；身体接触型包括触摸青少年身体的隐私部位，实施性暴力或强迫发生性行为等。

在预防性侵害的问题上，男孩和女孩应该同等重视，注意做到以下方面：

1. 保护隐私部位　青少年要知道自己身体的隐私部位，即背心和内裤覆盖的地方，不能允许别人看或触摸。如果有人要求看或想触摸这些部位，一定要果断拒绝，并告诉父母或老师。

2. 做到几个“不要”

(1) 不要单独行动：在学校或外出时，尽量避免一个人单独行动，要尽量跟同学、家人在一起。

(2) 不要晚出晚归：夜晚是犯罪者最好的隐蔽，也是犯罪多发时间。青少年如果去同学家中，应尽量早归，不要留宿。

(3) 不要衣着暴露，给犯罪者以刺激和诱惑。

(4) 不要去舞厅、迪厅、“网吧”等场所，不抽烟，不喝酒，不饮用来历不明的饮品。参加聚会时，如果发现有人开黄色玩笑、看不健康的图书或视频，要尽早离开，不要加入其中。

(5) 不要贪图小便宜，接受他人财物诱惑；不轻信甜言蜜语、虚假承诺；不追求虚荣和奢华；尤其不能食用不太熟悉的人给的饮料、零食等，这些饮料或食物有可能含有合成毒品或麻醉药。

(6) 不要轻易同意与网友见面，更不要去对方家中，以免给对方可乘之机。

3. 危急时刻，灵活脱身　青少年一旦发现有人意欲实施不轨行为，应尽量找借口脱身，跑去人多的地方，见到人时高声呼喊“请帮帮我”；如果一时联系不上父母，可以向邻居、老师、居委会求助。如果无法脱身，要尽量用最大的力量打击对方最薄弱的部位，以实现尽快逃离的目的。

4. 学会求助　青少年身处陌生或危险环境时，要留心周边能够保护自己的人或物体，以便及时获取帮助；一定要记住家长或老师的电话号码，发生事情及时拨打电话求助，也可拨打电话“110”报警。

如果不幸遭受到性侵害，首先应及时向值得信赖的成年人（如老师、父母等）求助，切不可因害怕、害羞、胆怯而延误时间。面对坏人可以说谎，不要相信坏人的话。坏人的秘密不用保守。

如果遭受了有身体接触的性侵害，要及时到正规医院进行伤情认定，根据医生的指导，对受伤部位进行治疗。如发生了性行为，应遵医嘱检查是否可能感染艾滋病、性病等疾病，并立即采取避孕措施，以防意外妊娠等造成更大的伤害。

事发后应第一时间拨打报警电话，尽量保持冷静，向警方描述出事的时间、地点、犯罪者的体貌特征、事件的前因后果等。尽量全面保留好各种证据，包括现场留下的痕迹、破损的衣物，特别是有关犯罪者的身体样貌特征、照片等相关证据。这些都有利于侦破案件，将犯罪嫌疑人绳之以法。

最后，青少年如果不幸遭受了性侵害，要坚信困难和伤害会随着时间慢慢消逝，一定要勇敢和坚强地面对，多向父母和朋友倾诉，尽早走出阴影。

二、艾滋病基本知识

（一）什么是艾滋病

艾滋病是获得性免疫缺陷综合征（acquired immune deficiency syndrome，AIDS）英文缩写的音译，是人类免疫缺陷病毒（human immunodeficiency virus，HIV；又称艾滋病病毒）侵入人体引起的一种严重传染病。

艾滋病目前尚不可治愈，而且没有疫苗可以预防。感染艾滋病会给患者的学习、生活带来巨大影响。HIV 进入人体后，会持续破坏免疫系统（主要破坏人体免疫细胞——CD4 细胞），使得身体丧失抵抗力，不能应对外部细菌、病毒和内部癌细胞侵害，从而使人体发生多种不可治愈的感染和肿瘤，如不进行治疗，最终将导致死亡。艾滋病病毒感染者和艾滋病患者需要终身规律服药，否则发病后病情发展迅速。

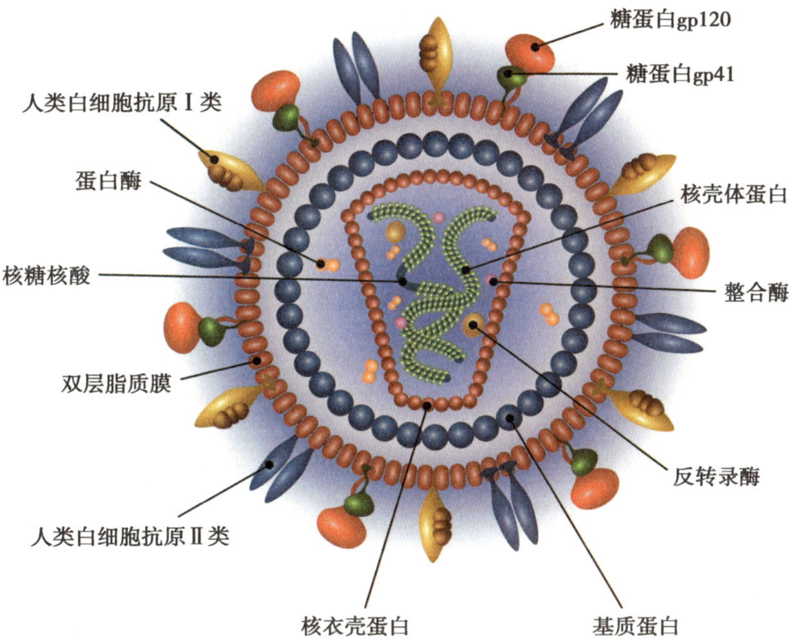

人类免疫缺陷病毒

（二）艾滋病离我们的生活并不遥远

我国于1985年首次报告艾滋病病例，此后感染者数量逐年增多。艾滋病离我们的生活并不遥远。截至2018年年底，我国报告现存活艾滋病病毒感染者/艾滋病患者86万例，2018年新发现艾滋病病毒感染者/艾滋病患者14.9万例，平均每小时新发现17例，其中性传播病例的比例达到95%。

我国青少年感染艾滋病的形势不容乐观。2018年我国报告新发现的15~24岁青年艾滋病病毒感染者/艾滋病患者1.6万例。其中，青年学生病例有 3 000 多例，且 80% 以上是通过男性同性性行为感染的。青少年因男性同性性行为、异性性行为、性侵害等感染艾滋病的病例屡见不鲜，有的小感染者甚至年仅 14 岁，有的品学兼优的学生因感染艾滋病断送前程，令人痛心疾首。

（三）艾滋病的传播途径

艾滋病的传播途径有 3 条：性传播、血液传播、母婴传播。

1. 性传播　发生没有保护的性行为会传播艾滋病，无保护的性行为是指性行为过程中没有使用安全套。性伴越多，感染的危险越大。男性同性性行为因为采取肛交的方式，肛门皮肤黏膜易破损出血，相比异性性行为方式更容易造成艾滋病病毒的侵入和传播。

2. 血液传播　共用注射器静脉吸毒，输入被艾滋病病毒污染的血液及血制品，使用被艾滋病病毒污染且未经严格消毒的注射器、针头，移植被艾滋病病毒污染的组织、器官，都可能感染艾滋病病毒。与感染者或患者共用剃须刀、牙刷等，也存在感染艾滋病病毒的风险。

3. 母婴传播　感染了艾滋病病毒的孕妇，体内的病毒可经胎盘感染胎儿；分娩过程中，胎儿经过产道时接触母体的分泌物和血液等，可感染艾滋病病毒；产后，艾滋病病毒还可通过母乳喂养感染婴儿。

（四）艾滋病的预防

艾滋病没有疫苗可以预防，掌握预防知识、拒绝危险行为，做好自身防护是最有效的预防手段。

1. 预防经性接触传播　青少年要树立正确的爱情观和性道德观，理性面对性冲动，慎重处理两性关系。不过早发生性行为是预防艾滋病最有效的方式。

2. 预防经血液传播　远离毒品，抵制毒品，坚决杜绝共用注射器吸毒的行为；避免不必要的输血和注射；不使用未经严格消毒的注射器；不与他人共用注射器、剃须刀；不使用未经严格消毒的器具进行文身、文眉等美容操作。

3. 预防母婴传播　艾滋病病毒可能通过母婴途径传播。女性艾滋病感染者如果考虑妊娠，应在医生的指导下严格采取抗病毒药物干预、做好围生期保健，这样可最大限度地保证孩子健康。

4. 拒绝毒品　拒绝毒品诱惑，不要对毒品心存好奇，因为一旦沾染毒品，你的一生都会被毒品吞噬。注射吸毒和使用合成毒品都会增加感染艾滋病病毒的风险。不接受陌生人给的饮料、小零食或香烟。不去夜店、歌舞厅等场所。

5. 暴露后预防　一旦发生危险行为（即艾滋病病毒进入人体），应尽早（72 小时内）使用抗病毒药物阻断艾滋病病毒感染的风险，可以到艾滋病定点治疗医院寻求帮助。

（五）日常生活和工作接触不会传播艾滋病

如果身边有艾滋病病毒感染者 / 艾滋病患者，大家也不需要过度恐慌和歧视，日常生活和工作接触不会传播艾滋病。

1. 日常接触不传播　在工作和生活中与艾滋病病毒感染者 / 艾滋病患者的一般接触，如握手、拥抱、礼节性接吻、共同进餐以及共用劳动工具、办公用具、钱币等，不会感染艾滋病病毒。艾滋病病毒不会经马桶圈、电话机、餐饮具、卧具、游泳池或公共浴池等公共设施传播。咳嗽和打喷嚏不会传播艾滋病病毒。

2. 蚊虫叮咬不传播　艾滋病病毒在蚊子体内不繁殖。蚊子在吸血时不会将已吸进体内的血液再注入被叮咬的人。流行病学调查已经充分证明，蚊虫叮咬不会传播艾滋病病毒。目前在世界范围内，还没有发现因蚊子或其他昆虫叮咬而感染艾滋病病毒的病例。

传播艾滋病的途径

不会传播艾滋病的行为

（六）艾滋病病毒感染者和艾滋病患者

感染了艾滋病病毒的人，在免疫功能还没有受到严重破坏，没有出现明显临床症状前，被称为艾滋病病毒感染者。艾滋病病毒感染者看上去与常人无异。当人体免疫系统受到艾滋病病毒严重破坏，出现各种机会性感染或肿瘤时，称为艾滋病患者。艾滋病病毒感染者和艾滋病患者都具有传染性。

（七）艾滋病的检测

一旦发生了可能导致艾滋病病毒传播的高危行为，应及时进行咨询和检测，查明感染状态。县级以上疾控机构、医院、妇幼保健机构及部分基层医疗机构（如社区卫生服务中心、乡镇卫生院）都可以提供检测服务。

（八）感染艾滋病的治疗

对于艾滋病，目前虽然还没有能够彻底治愈的药物，但已有较好的治疗方法，能有效延长患者的生命，提高其生活质量。抗病毒治疗是目前唯一能够延长艾滋病患者生命，提高生命质量的有效手段。但需明确，药物可能有不良反应，会给坚持治疗增加阻力；必须严格遵守治疗方案，否则治疗效果差，还可能导致病毒产生耐药性；必须终身服药，对治疗的提供者及接受者来说都是挑战。

三、禁 毒 防 艾

（一）毒品的概念

根据《中华人民共和国禁毒法》的规定，毒品是指鸦片、海洛因、甲基苯丙胺（冰毒）、吗啡、大麻、可卡因以及国家规定管制的其他能够使人形成瘾癖的麻醉药品和精神药品。

（二）现在国内流行的毒品种类

我国的毒品问题自20世纪80年代后期重新出现至此后的二十多年中，流行滥用的主要毒品种类以阿片类（海洛因）为主。与此同时，滥用合成毒品人数快速增长。根据国家禁毒办的统计，截至2019年年底，中国现有吸毒人员214.8万名。滥用合成毒品人员的比例从2005年的6.7%增长到2014年年底的49.4%，许多地区新发生的吸毒人员以新型合成毒品滥用者为主，其中35岁以下青少年/青年占新吸毒人员的85%以上。因此，青少年新型合成毒品的防控是当前禁毒工作的一个新挑战。

（三）传统毒品和合成毒品的区别

传统毒品主要包括阿片类（如海洛因、吗啡等）、大麻和可卡因三大类。

合成毒品主要指近些年发生流行滥用的一大类以化学合成来源为主的物质，主要有冰毒、摇头丸、K 粉、蓝精灵、神仙水等。它们大多有着五光十色的外观，有些看起来就像奶茶、糖果等零食，对青少年有较强的诱惑性。

滥用两类毒品导致的后果有所不同。

1. 健康危害不同　传统毒品主要破坏人的免疫功能，损害心、肝、肾等脏器，过量使用甚至可导致呼吸衰竭而死亡。合成毒品直接损害大脑细胞，导致神经中毒反应和精神分裂症状，过量服用将诱发急性精神障碍或急性心脑疾病。

2. 犯罪后果不同　使用传统毒品的人一般是在吸食前犯罪，因为对毒品的强烈渴求，为获取毒资或毒品而去杀人、抢劫、盗窃。使用合成毒品的人一般是在吸食后犯罪，由于合成毒品直接作用于人的神经系统，吸食者容易产生精神亢奋、被害妄想等精神疾病的症状，甚至会导致车祸、抢劫、强奸等恶性事件的发生。

（四）毒品与艾滋病的关系

吸毒与艾滋病被认为是一对“孪生兄弟”，吸毒是促进艾滋病流行的一大帮凶。吸毒者毒瘾发作后，往往不能控制自己的行为，容易发生多人共用注射器的行为，艾滋病病毒感染者的血液通过共用注射器将病毒从一个人传到另一个人。吸食合成毒品后，人容易丧失理智，发生无保护的性行为，这也导致了艾滋病病毒从吸毒重点人群向一般人群扩散蔓延。

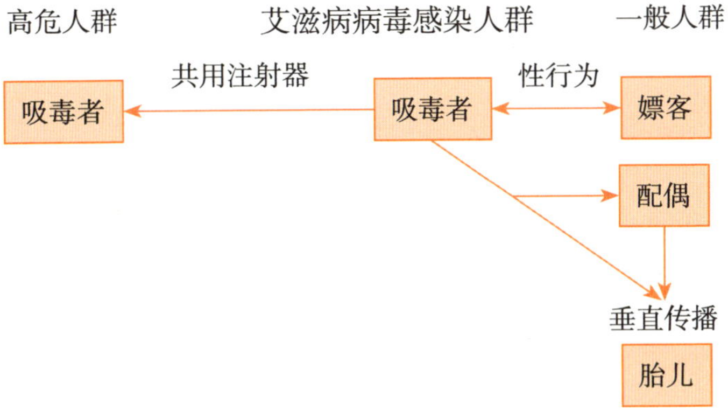

吸毒者感染和传播艾滋病病毒的可能途径

（五）拒绝毒品诱惑

青少年是药物滥用的高危和高发人群。拒绝毒品诱惑，你应该做好以下准备：

1. 树立吸毒违法的法制观念　牢固树立吸毒违法的法制观念，自觉遵守国家法律。

2. 正确认识毒品的危害性和成瘾性　避免以下错误认识和做法：①受同学、朋友或不良交往的影响，抱着“吸着玩儿”或“吸一两次不会上瘾”的盲从或无知、侥幸心理而尝试吸毒；②将吸食毒品作为一种社会时尚或娱乐减压的方式，将其作为显示身份、地位或作为减压发泄的方式而盲目跟从效仿；③对毒品危害性持怀疑态度和逆反心理，抱着“以身试毒”的想法吸毒，而上瘾后追悔莫及。

3. 建立思想防线　树立正确的人生观、价值观，有理想和追求；锻炼自己的抗挫折能力，遇到挫折和困难，不要消沉和一蹶不振。

4. 践行健康积极向上的生活方式　从不吸烟、不酗酒做起，不沾染不良生活习惯。

5. 慎重交友　俗话说，近朱者赤，近墨者黑，青少年交友要慎重，特别是不要轻易相信陌生人或接受他们的邀请和“赠予”。

6. 不涉足易发生诱惑的场所 歌厅、舞厅、游戏厅、酒吧等是毒品违法犯罪活动的高发地，贩毒者往往在此引诱新人上钩。

7. 积极参加禁毒活动 增强防范意识，同时尽自己的力量为社会禁毒做出贡献。

8. 把握好奇心，拒绝尝试 人的心情并不取决于吃或喝了什么，所谓"消除心情不快"的饮料或药片只能一时改变心情，过后将带来灾难性的伤害，包括身体和心理。坚决拒绝尝试任何所谓"能消除心情不快"的诱惑。

6

第六部分

做不吸烟的新一代

一、基本知识

（一）烟草烟雾成分

一手烟，是吸烟者从燃烧的卷烟中直接吸入的烟草烟雾，是由烟草在600~900℃燃烧产生的。烟草烟雾是一种以氮、氧、一氧化碳和二氧化碳为主要成分的液体颗粒气溶胶。烟草烟雾中，已发现7 000余种化学成分，其中主要的有害成分包括至少70种致癌物，200余种其他有毒有害物质。

侧流烟的燃烧温度为400~600℃，它是卷烟燃烧端在非吸烟间隙所产生的烟草烟雾。二手烟是由85%的侧流烟和15%的呼出一手烟共同构成的混合烟草烟雾。研究表明，二手烟与主动吸烟者吸入的主流烟草烟雾相比，化学成分及各成分浓度有所不同，一些对人体有严重危害的化学成分含量远远高于主流烟草烟雾。美国环保署和国际癌症研究署已将烟草烟雾确定为人类A类致癌物。但是，所有吸烟者都会暴露在二手烟中，所以对于人体来说，一手烟的危害高于二手烟。

二手烟对公众健康的威胁还在于其暴露没有“安全水平”。每燃烧一支卷烟，就可释放含有180ng苯并芘的烟雾。这在一个30m³容积的房间就可以形成6μg/m³的浓度，是卫生标准（1μg/m³）的6倍。如果要将其稀释到容许浓度，就得把房间内的空气（30m³）每小时更换5~6次，其风力达到10级。而目前常用的中央空调和普通空调均没有过滤清除苯并芘的功能，一旦烟草烟雾在室内形成，就很难加以清除。

（二）吸烟和二手烟的危害

吸烟对人体的危害主要是一个长期、慢性的过程。吸烟可以导致各种癌症，包括肺癌、口腔癌、鼻咽癌、喉癌、食管癌、肝癌、胰腺癌、肾癌、膀胱癌、子宫颈癌、结直肠癌、前列腺癌、卵巢及乳腺癌等。吸烟者吸烟量越大、吸烟年限越长、开始吸烟年龄越小，癌症的发病风险越高。吸烟可以导致慢性阻塞性肺疾病，女性吸烟者患慢性阻塞性肺疾病的风险高于男性。吸烟还可以导致青少年发生哮喘，增加呼吸道感染的发病风险，增加感染结核的风险，导致冠心病、脑卒中、外周动脉疾病甚至截肢，导致2型糖尿病，使女性受孕概率降低。母亲在妊娠期间吸烟可以导致儿童发生身体、智力发育迟缓。吸烟可以导致阿尔茨海默病（是一种由大脑病变引起的神经疾病，会影响患者的记忆、思考、行为以及日常生活能力）。吸烟可以导致牙周炎、白内障、失明。吸烟可导致因病缺勤及医疗费用增加，手术后伤口愈合不良，增加手术后呼吸系统并发症的风险。

二手烟会伤害每一个人，特别是青少年。二手烟暴露可以导致肺癌、鼻窦癌、乳腺癌、宫颈癌、成年人急慢性呼吸道症状、肺功能下降、支气管哮喘、慢性阻塞性肺疾病、动脉粥样硬化、冠心病和脑卒中。二手烟暴露可以导致婴儿猝死综合征，孕妇在妊娠期间遭受二手烟暴露可以导致新生儿发生神经管畸形。二手烟暴露可以导致儿童发生肺功能下降、呼吸道疾病、支气管哮喘、急性中耳炎，亦可导致白血病、淋巴瘤和脑部恶性肿瘤。研究显示，长期暴露在二手烟中的孩子发生注意力缺陷、多动症、学习能力障碍等的风险是无暴露孩子的1.5倍，其阅读、数学和拼图测验得分比无暴露的孩子低，且暴露烟量越大，得分越低；身高和体重也均低于无暴露的孩子。青少年呼吸频率高，吸入的二手烟相对更多，而且他们的身体处在生长发育中，因此二手烟对青少年的危害比成人大许多。

（三）什么是三手烟

三手烟被定义为附着在室内物体表面，如墙壁、家具和灰尘颗粒上的残留烟草烟雾，以及从这些三手烟附着污染的物体表面上重新释放出来的气体和悬浮颗粒。三手烟还包括停止吸烟后，物体表面残留烟雾化合物与室内空气中化合物反应产生的新污染物。三手烟来自二手烟，但它们又有很多区别。二手烟的主要成分为气相中的化合物，而三手烟主要由吸附残留在物体表面和灰尘颗粒中的二手烟化合物组成。目前已知的三手烟化学成分包括尼古丁、可替宁、甲酚、萘、多环芳烃、甲醛以及可以吸入的挥发性有机化合物（如乙腈）等。三手烟经化学转化可以生成新的有毒物质，如尼古丁和室内环境常见污染物亚硝酸反应生成烟草特有亚硝胺。因此，随着时间的推移，三手烟的危害可能愈加严重。至于三手烟和二手烟危害的对比，目前尚不清楚。三手烟浓度比二手烟低不少，但暴露的持续时间长，另外在某些特定的环境下，如重度污染的房间，三手烟可以达到与二手烟相仿的污染程度。

（四）吸烟成瘾的原因

烟草中导致吸烟成瘾的物质是尼古丁，故烟草依赖又称为“尼古丁依赖”。尼古丁是一种对昆虫具有神经毒性的物质，可以保护烟草在生长中免受昆虫啃食。同时，尼古丁也是一种具有精神活性的物质，使用后可使部分人产生“欣快”感，并可暂时改善一些人的工作表现和认知力，延长注意力集中时间，减轻焦虑和抑郁不良情绪。但是，尼古丁具有高度成瘾性，与其他成瘾物质（如海洛因和可卡因）类似。研究显示，尼古丁的成瘾性仅次于海洛因和可卡因，超过冰毒、大麻和酒精。

吸烟是摄入尼古丁并产生精神活性效应的特别有效的方式。尼古丁呈脂溶性，被吸入肺部后能够迅速透过肺泡膜进入肺毛细血管，并在数秒内达到中枢神经系统，作用于脑内尼古丁受体。尼古丁半衰期很短，血液中尼古丁水平很快下降，吸烟者就会出现吸烟的渴望，最终变成冲动，开始吸烟。

一旦吸烟成瘾，戒烟不是容易的事情，所以青少年一定不要开始吸烟。

（五）烟雾与室内PM2.5

二手烟是由颗粒物和气体组成的复杂混合物。其中的颗粒物空气动力学直径为0.25~5μm，主要粒径小于1μm，属于可吸入颗粒物（空气动力学直径小于10μm的微小颗粒物），可进入血液循环系统而遍布全身。室内空气中颗粒物污染的主要来源是烟草烟雾和室外大气颗粒物污染。吸烟状况下室内颗粒物浓度是非吸烟状况下的3倍。国外也有报道表明，吸烟状况下室内颗粒物的90%~93%由烟草烟雾组成。在30m^3室内，吸一支烟细颗粒物（particulate matter 2.5，PM2.5）就超过800μg/m^3，吸3支烟则可超过1 800μg/m^3。目前中华人民共和国生态环境部颁布的室外大气PM2.5的标准是30μg/m^3以下为优，75μg/m^3以下为良。

二、远离烟草，拥抱健康

（一）拒吸第一支烟

社会环境在变化，吸烟已经不是社会交往的必要手段，也不是成熟的表现，很多青少年吸烟的原因是出于好奇心、追赶时髦、虚荣心，也有人期望通过吸烟来解除烦恼和消除压力。青少年们抱着试试的态度吸了第一支烟，结果发现“吸了一支烟也没什么伤害”，就去吸第二支、第三支，直到有了烟瘾。青少年时期是行为习惯养成的关键时期。青少年一旦开始吸烟，极易形成终身吸烟的陋习，对身体造成持续性危害。遇到有人敬烟的时候，可以果断地说“对不起，我不会吸烟”或者委婉地告诉他“我对烟过敏”“我抽烟就呕吐”“谢谢，我嗓子痛不吸烟”“谢谢，我身体不舒服”等。青少年应该主动远离吸烟的人和环境，筑起心理防御的堤坝。

（二）尽早戒烟

戒烟可以显著降低吸烟人群的死亡风险，吸烟者戒烟时间越长，死亡风险越低；吸烟者减少吸烟量并不能降低发病和死亡风险，戒烟则可以获得巨大健康益处。任何年龄戒烟均可获益。早戒比晚戒好。与持续吸烟者相比，戒烟者的生存时间更长。戒烟可降低肺癌、冠心病、慢性阻塞性肺疾病等多种疾病的发病率和死亡率。吸烟的人都应该尽早戒烟。尤其青少年吸烟者往往是刚开始吸烟，生理性和心理性成瘾都比较轻，应立即戒烟。青少年戒烟遇到困难的时候可以寻求帮助，如拨打戒烟热线（010-12320）、寻找网上戒烟资源（www.notc.org.cn）。

（三）宣传无烟理念，创建无烟环境

二手烟严重危害健康，我们应该生活在一个全面无烟的环境中。

1. 创建无烟校园　青少年有很长时间是在校园中，学校无烟可以保护老师和学生的健康，同时让学生建立一个无烟的概念，并把这个概念带到家庭和社会环境中。2019 年 11 月国家卫生健康委、中宣部、教育部、市场监管总局、国家新闻出版广电总局、国家烟草专卖局、共青团中央、全国妇联8部门联合印发了《关于进一步加强青少年控烟工作的通知》，从6个方面入手，多角度营造青少年无烟环境。

(1) 强化青少年控烟宣传引导：要求针对青少年广泛宣传烟草危害，充分发挥学校教育主渠道作用，培育青少年无烟文化。倡导青少年拒绝第一支烟，做自己健康的第一责任人。

(2) 严厉查处违法向未成年人销售烟草制品：烟草专卖零售商须在显著位置设置不向未成年人出售烟草制品的标识，不得向未成年人出售烟草制品，不得通过各类信息网络平台零售烟草专卖品，切实从源头切断青少年获取烟草制品的途径。

(3) 加大对违法烟草广告的打击力度：任何组织和个人不得在大众传播媒介或公共场所、公共交通工具、户外发布烟草广告，不得利用互联网发布烟草广告，不得向未成年人发送任何形式的烟草广告。严禁烟草广告诱导青少年吸烟。

(4) 加强影视作品中吸烟镜头的审查：严格控制影视剧中与剧情无关、与人物形象塑造无关的吸烟镜头。对于有过度展示吸烟镜头的电影、电视剧，不得纳入各种评优活动。避免影视作品中明星吸烟镜头误导青少年模仿。

(5) 全面开展电子烟危害宣传和规范管理：加强对电子烟危害的宣传教育，不将电子烟作为戒烟方法进行宣传推广，倡导青少年远离电子烟。不得向未成年人销售电子烟。有效防止青少年误入电子烟迷途。

(6) 全力推进无烟中小学校建设：任何人不得在校园禁烟区域及其他未成年人集中活动场所吸烟，校园内和校园周边不得销售任何烟草制品，在校园醒目位置设置禁烟标识和举报电话，还孩子们一个清新的无烟校园环境。

2. 创建无烟家庭 青少年大部分时间生活在家里。无烟家庭指的是任何人、任何时间，在家中的任何地点都不允许吸烟，私家车内也不允许吸烟的家庭。创建无烟家庭可以减少家人，特别是儿童生病；减少吸烟家庭成员的吸烟量，帮助戒烟；为孩子树立行为榜样；让家庭环境更加清洁。

一些人可能会有如下错误观点：在厕所和阳台等房间吸烟，不会危害他人；开窗或在抽油烟机下吸烟，可以消除二手烟；孩子不在家或不在车里的时候吸烟，就不会伤害到他们；开空气净化器吸烟，可以去除二手烟；到楼道里吸烟能避免二手烟对家人的伤害；打开车窗吸烟不会伤害家人。

然而事实上，二手烟是气态的，即使关闭门窗，也会扩散到其他房间；开窗、在室内设置吸烟区（室）、安装通风换气设施、在楼道吸烟等都不能完全清除家中二手烟。此外，二手烟可以吸附在衣服、毛发、沙发、地毯、窗帘、汽车坐垫等物品上，并长期存在。唯一有效杜绝二手烟的做法，就是不在室内和车内吸烟。

可以采取以下措施创建无烟家庭：选择一个有意义的日子，从此以后家里不允许任何人吸烟；请家中所有吸烟者签署“无烟家庭”承诺书，装裱起来；在门上和冰箱等醒目位置贴上“无烟家庭”标识，提醒家人及来访的客人遵守无烟家庭规定；在车窗或车内显眼位置贴上禁烟标识，告诉大家车内也不能吸烟；家中准备一些薄荷糖、口香糖等零食，帮助吸烟的人缓解烟瘾；制作无烟家庭年历牌，青少年可以当监督员，记录家庭无烟的日子，并定期给予家人表扬、鼓励。

7 第七部分

青少年近视预防

一、什么是近视

近视眼是指眼在调节放松状态下，5m 以外平行光线进入眼内后未能聚焦于视网膜上，而是聚焦在视网膜前。近视就好比一个相机机身拉长了，导致本该清楚的底片的像落在底片之前，使得相片不清楚。

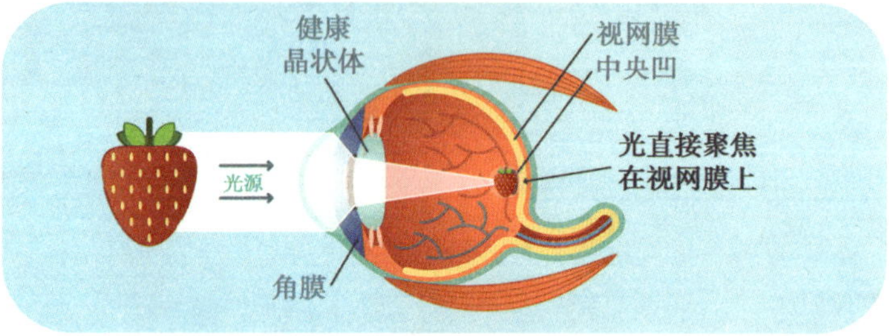

正常视力

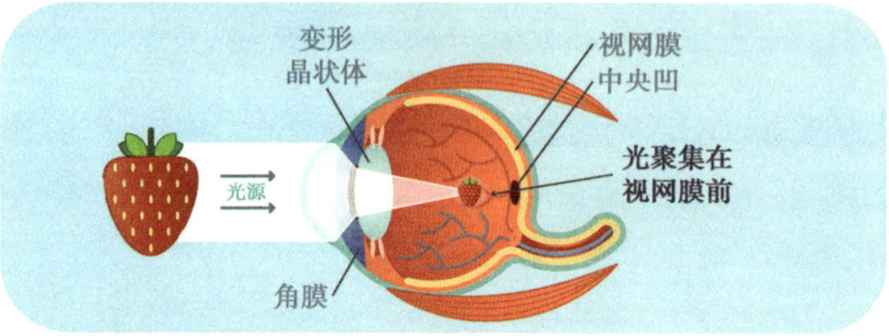

近视

根据散瞳后验光仪测定的等效球镜（spherical equivalent，SE）度数判断近视度数，根据 SE 度数可以把近视分为低、中和高 3 个不同程度。

低度近视：$-3.00D \leq SE < -0.50D$（近视 50~300 度）。

中度近视：$-6.00D \leq SE < -3.00D$（近视 300~600 度）。

高度近视：$SE < -6.00D$（近视 600 度以上）。

二、近视的主要症状及危害

近视者会发生视物模糊、眼睛干涩酸痛、视觉疲劳、精神难以集中及情绪烦躁，甚至头晕等现象，从而引起眼睛和大脑疲劳，影响学习、记忆知识的效率。

近视者在从事一些剧烈运动（如游泳、踢球等）和进出温差较大环境时，眼镜容易滑落，镜片容易起雾，极为不便。近视者眼球相对突出，眼睑松弛，影响容貌。一旦发展至高度近视，可能会引起很多眼内组织的结构发生异常改变，发生视网膜脱离、撕裂、裂孔、黄斑出血、新生血管和开角型青光眼的危险性增高，严重者可导致失明。因此，高度近视者一定要注意，不能从事运动量大、重体力劳动和近距离工作时间长且比较精细的职业，以避免诱发眼后节并发症而致盲。

根据《普通高等学校招生体检工作指导意见》中所列条款，目前有 45 大类 280 多种专业对报考者的裸眼视力、矫正视力和近视度数都有明确限制。近视者也无法从事许多高精尖行业的工作。

三、我国青少年近视现状

我国青少年近视发病率已高居世界第一位。据 2018 年国家卫生健康委员会公布的调查数据显示，全国儿童青少年总体近视率为 53.6%。其中，6 岁儿童为 14.5%，小学生为 36.0%，初中生为 71.6%，高中生为 81.0%。而高三年级学生高度近视在近视总数中占比已达到 21.9%。

四、近视的原因

近视的发生机制比较复杂，影响因素众多，各种学说和看法目前尚不统一。目前比较肯定的是，近视眼的发生与发展是遗传因素和环境因素交互作用的结果，而遗传因素对于不同类型的近视影响程度又有所不同。

按近视的病程进展和病理变化，近视可划分为病理性近视和单纯性近视（又称为学生近视）。目前研究认为，病理性近视的发生受遗传因素影响较大，环境因素为次因素；单纯性近视的发生与发展则主要受环境因素影响，遗传因素为次因素。

（一）遗传因素

研究显示，近视的发生有明显的家族聚集现象。父母均为近视者，其子女近视发生率明显高于父母仅一人为近视者；父母之一为近视者又远高于父母均无近视者。近视程度越高者，遗传率也越高。父母均有高度近视（近视 600 度以上），子女近视概率近乎 100%。父母之一高度近视，子女近视概率为 60% 左右。

（二）环境因素

影响视力的环境因素主要包括视觉环境与视觉行为习惯等后天影响因素。

1. 视觉环境　主要指人们生活工作中带有视觉因素的环境问题。我们在学习、生活和工作中的大量活动都需要有良好的光线，如果这些场所中的光环境不符合人眼的生理需求，就会危害人们的视力健康。但由于技术和经济等原因，我国还有相当一部分教室的照明水平停留在比较落后的水平。中小学生正处于身体发育的关键阶

段，如果长期使用不符合卫生要求的课桌椅，极易引起眼疲劳，导致学习效率低下、脊柱弯曲异常及视力低下等问题。另外，教材及教材辅助用书所用字体字号不符合相关卫生标准要求，对于眼睛尚处在发育期的中小学生来说，长时间接触字体太小的书籍，特别容易造成眼疲劳、视力下降，甚至引发和加重各种眼病。

2. 行为生活方式　生活方式是人类在社会化过程中逐步形成的行为习惯。良好的行为和习惯可以促进人的健康，不良的生活习惯和嗜好则会危害人的健康。近视的形成也与不健康的用眼行为习惯和生活方式有着重要的关系。

(1) 近距离用眼负荷：包括两大要素，一是用眼距离，二是用眼时间。连续长时间近距离用眼可引起视觉疲劳。目前，已有大量调查显示，近距离用眼负荷和近视的发生与发展存在剂量梯度效应，是造成整体人群中近视高发的重要影响因素。

(2) 户外活动时间不足：研究表明，户外阳光可以刺激眼睛的视网膜产生较多的活性物质多巴胺。多巴胺作为一种神经传导递质，可调节眼睛巩膜和视网膜之间的信息传递，促进眼球的正常发育，抑制眼轴的增长，从而达到预防或延缓近视发生发展的效果。

(3) 视觉行为习惯：不良的读写、用眼卫生习惯包括握笔姿势不正确、看书、看电视及使用电子屏幕产品距离过近、课间活动少、连续看书 1 小时以上等。与学生近视的发生关系密切，这些习惯通过使眼球运动频繁调节却很少得到休息，促进了近视的发生和发展。

(4) 过多使用电子产品及生活娱乐方式的改变：近些年，随着科技的发展，互联网技术的广泛应用，智能手机、平板电脑等高科技电子产品的普及，人们能明显地感受到现代智能化电子产品正在快速改变生活、工作以及娱乐方式。高楼林立，使得我们的视野范围狭窄，居住场所普遍缺少运动场地，学生回家后的娱乐放松方式基本上是看电视、玩电脑或手机网游。随着时间的推移，人们开始意识到，这些高科技电子产品在带来便利和享受的同时，也会给视力健康和身心健康，特别是给儿童、青少年的视力健康和身心健康带来危害。

写完作业或周末还是和爸爸妈妈一起踏青外出吧！课间休息的时候多和小伙伴们一起去操场玩耍吧！别让电子屏幕限制我们开阔眼界，读万卷书，行万里路的机会！

五、近视的预防和控制

目前世界上还没有任何安全、有效的医疗措施可以治愈真性近视，因此，近视防控必须从强化青少年健康意识入手，形成"每个人是自己健康的第一责任人"健康意识，遵守近视防控的各项要求，主动学习掌握科学用眼、护眼等健康知识，养成健康习惯：

1. 正确选择使用灯具以补充照明　书桌应放在室内采光最好的位置。白天学习时充分利用自然光线，这种光线均匀、柔和，最适合看书写字，但要避免光线直射在桌面上。在光线过暗时应及时开启台灯照明，并适当开启背景辅助光源，以减少室内明暗差，使桌面局部光线与周围环境保持和谐，不是只开台灯就可以哦！台灯应放置在左前方，避免右手写字时手影遮住光线(左手写字者则放置于右前方)。在选择台灯时看看说明书，最好选用无频闪、无眩光，色温不超过 4 000K，照度达到 AA 级，蓝光危害级别达到 RG 0 级，显色指数大于 90，光线柔和自然、可调节的新型 LED 光源台灯。选择护眼台灯时要注意检查产品的相关专利证书、质检报告、质保卡以及国家强制性认证的 3C 认证等证明信息是否齐全。如果觉得光线让眼睛不舒服，要及时向老师、家长反映。青少年可利用手机初步判断灯具是否有频闪，方法为：开启手机的照相功能对准书写台灯的光源，如手机屏幕显示有明显的水波纹样条纹，则说明光源频闪严重。

2. 使用适合自己身高的书桌椅　正确的桌椅高度是人在坐着时能够保持两个基本垂直：一是坐下后两脚平放在地面时，大腿与小腿能够基本垂直，座面的前沿不对大腿下平面形成压迫；二是两臂自然下垂时，上臂与小臂基本垂直，这时桌面高度应该刚好与小臂下平面接触。

学习桌椅是否与自己身高相匹配判断方法：如果你用的是可调式课桌椅，调节原则是使人坐于椅子 / 凳子上，大腿与小腿垂直，背挺直时上臂下垂，手肘在桌面以下 3~4cm。具体可参考中小学课桌椅尺寸表（表 2）。如果没有可调式课桌椅，若桌子过高，尽可能使用高一点的椅子，并在脚下垫一脚垫，使脚能平放在脚垫上，大腿与小腿垂直；桌子或椅子过高时，还可将桌腿或椅腿锯短一截；桌子或椅子过矮时，将桌子或椅子垫高。

表 2　中小学课桌椅尺寸（GB/T3976-2014）

课桌椅型号	桌面高 /cm	座面高 /cm	标准身高 /cm	学生身高范围 /cm
0 号	79	46	187.5	≥180
1 号	76	44	180.0	173~187
2 号	73	42	172.5	165~179
3 号	70	40	165.0	158~172
4 号	67	38	157.5	150~164
5 号	64	36	150.0	143~157
6 号	61	34	142.5	135~149
7 号	58	32	135.0	128~142
8 号	55	30	127.5	120~134
9 号	52	29	120.0	113~127
10 号	49	27	112.5	≤119

3. 控制电子产品使用　尽可能选择大屏幕电子产品并注意保持适当距离，建议的优先顺序为投影仪、电视、电脑、平板电脑，最后为手机。使用投影仪时，观看距离应在 3m 以上；使用电视时，观看距离应在屏幕对角线距离的 4 倍以上；使用电脑时，观看距离应在

50cm（约一臂长）以上，保证电子屏幕上端与眼水平视线平齐。

使用电子产品应遵循“20-20-20”口诀：看屏幕20分钟后，要抬头眺望6m（20英尺）外远处至少20秒以上。连续视屏时间超过30~40分钟，至少休息10分钟，做运动、远眺或家务劳动，以缓解眼疲劳。尽量减少非学习目的使用电子产品的时间和频次。年龄越小，连续使用电子产品的时间应越短。

4. 避免不良用眼行为 不在走路时、吃饭时、卧床时、晃动的车厢内、光线暗弱或阳光直射等情况下看书或使用电子产品。及时纠正不正确的读写姿势，保持“一尺、一拳、一寸”，即眼睛与书本距离应约为一尺（33~35cm），胸前与课桌距离应为一拳（8~10cm），握笔的手指与笔尖距离应约为一寸（约3cm）。近距离读写连续用眼时间不宜超过40分钟。

5. 增加户外活动和锻炼 户外活动是最简单、有效预防近视的方式，充分接触阳光可以有效预防近视的发生和发展。保证每天不少于2小时的日间户外活动，如增加白天的课外活动，在户外上课，课间休息走出教室，上学和放学步行等。注意，运动的同时，要做好紫外线损伤防护！

6. 及时放松眼睛 勤开窗以保证室内空气清新，并远眺放松双眼。每天坚持做眼保健操。做眼保健操时，应注意双手干净，做到穴位准确、手法正确、力度适当。除了眼保健操，我们可以与父母一起做亲子爱眼健身操，不仅增强自身抵抗力，也可以让眼睛得到放松休息。亲子爱眼健身操具体包括少儿太极推手、少儿艺术体操、少儿体育舞蹈和少儿健身体操。

7. 保障充足睡眠和合理营养 早睡早起，每天保证充足的睡眠时间，小学生应达到10小时，初中生9小时，高中生8小时。不挑食、偏食，少吃甜食和油炸食品。注意补充富含蛋白质的食物，保证每天一个鸡蛋，一杯牛奶；多吃新鲜的蔬菜瓜果，尤其是深色蔬菜，常吃富含维生素A的食物，如胡萝卜、菠菜、动物肝脏等。体内铬、锌、钙等微量元素缺乏，亦是导致近视的因素之一，因此，要注意补充含微量元素多的食物，多吃一些粗杂粮，可以让妈妈做一些杂粮饭，比如糙米饭、二米饭等，用紫薯、玉米等替换米饭、馒头等细粮。零食方面，可以选择无添加的坚果代替糖果、辣条等。用豆浆、牛奶、气泡水等代替含糖饮料。这一点一滴的改变都是在进步哟！

8. 养成定期监测视力的习惯　平时要积极关注自身视力状况，自我感觉视力发生明显变化时，及时告知家长和老师，并尽早到专业机构进行检查，做到早发现、早诊断、早矫正，防止近视进一步加重。

9. 近视的校正　真性近视是不可逆的，散瞳后验光大于75度的近视已经可以对视力造成很明显的影响，若不及时戴镜，近视会越来越深，甚至出现弱视、斜视等问题。配戴眼镜须到正规的医院及眼镜店验配。框架眼镜是目前最普遍的方式，角膜接触镜、药物和手术等也是可选的矫正方式。

六、视力健康监测

近视是眼屈光发育过程中相关危险因素不断累积、叠加，发展到一定程度后才逐渐显现出来的。因此，针对儿童青少年视力健康实施全过程“监测、监控、监管”，对近视防控工作有着积极的意义和作用。

1. 视力健康相关行为因素的监测　近视发生初期症状并不明显，有时远视力尚处正常范围，但眼睛在生物结构上的不良发育改变已开始悄悄向着近视眼发展了。针对各类视力健康影响因素进行信息收集，可提早科学干预，避免相应的危害。主要监测内容包括：握笔、读写姿势，户外阳光下活动时间，电子产品的使用，睡眠与营养，连续近距离用眼时间控制等。中小学阶段是眼屈光发育的敏感期，很多用眼卫生习惯需要正确督导才能养成。青少年应要耐心接受家长和老师的提醒，提高视力健康自我保护能力。

2. 裸眼远视力的监测　远视力检查比较简单、方便，但具有很大的主观性和偶然性，不稳定、波动大，不能全面反映视力健康状况。实际上，远视力达到 5.0 只能说明人的部分视力正常，中心视力、周围视力和立体视力都符合生理要求，才能说视力正常。5.0 视力是正常视力的最低限，因而又称边缘视力和临界视力。体检的时候，青少年不要看到自己的视力是 5.0 就觉得万事大吉了，保护眼睛是一直要维持的习惯。青少年应每年进行常规眼科检查以便及时发现并处理并发症。

青少年可经常自我监测视力：检查时，站在距视力表 5m 处，注意视力表 5.0 视标行与自己眼睛处于同一水平线，先右眼后左眼，从上往下辨认，直到眼睛辨识到最小视标行（辨认正确的视标数超过该行视标总数的一半时，记录该行视标的视力值，既为该眼视力）。每个视标的辨认时间不超过 5 秒。检查结果：双眼裸眼远视力≥5.0 为视力正常，任一眼裸眼远视力 <5.0 为视力不良。

3. 远视力储备的监测　儿童青少年时期是生长发育的黄金期，也是眼屈光变化最快的一个阶段。眼屈光的发育规律一般是由刚出生时的远视眼开始向正视眼方向发展，且呈不可逆走势。比较理想的情况是，青少年到 12 岁后才由远视眼发育成正视眼（表 3）。正视化前的远视大多为生理性远视，是一种“远视储备”。“远视储备”顾名思义，就像一个我们视力的粮仓或储蓄银行，如果近距离用眼过早、强度过大，再加上不良的视觉环境与行为影响，就会过早消耗掉粮仓里面的余粮，即使此时的远视力尚处于正常范围，但今后的眼屈光发育却会开始向近视眼发展。散瞳验光可以反映出眼睛真实屈光状态，了解远视力储备状况，及时加强视力监测和保护。

表 3 不同年龄段屈光状态的正常范围

年龄	7 岁	8 岁	9 岁	10 岁	11 岁
正常屈光阈值(度)	+1.25~+2.00	+1.00~+1.50	+0.75~+1.25	+0.50~+1.00	+0.25~+0.75

七、近视防控常见问题

（一）真性近视与假性近视

近视没有“真假”之分。从专业层面上讲，所谓的“假性近视”是一种眼调节现象——“调节功能痉挛”，是由于用眼过度致使睫状肌持续收缩痉挛，晶状体厚度增加，导致光线聚焦在视网膜前方，视物模糊不清，表现为远视力减退，这种情况在正视眼、远视眼和近视眼中都存在。假性近视若不及时缓解，终究会导致眼轴变长而成为真性近视。真性近视一旦发生就不可逆。

（二）眼镜戴上就摘不下来了，而且度数会越戴越深吗

“眼镜不能戴，一戴上就摘不下来了。”大多数学生和家长都存在这样的顾虑，但是真是这样吗？其实不然，事实是：近视后，眼镜就已经摘不下来了，只是没戴而已。戴上眼镜后外界物体能聚焦在眼

睛的视网膜上，能看清楚了。与戴镜后清晰的世界相比，摘掉眼镜则会回到以往模模糊糊的状况。所以近视度数加深与戴眼镜没有关系，而是由于学生生理发育眼轴不断增长，再加上用眼负担加重以及不正确用眼等因素。戴镜后视觉质量提高，用眼疲劳改善，可在一定程度上延缓近视的进展。

（三）戴眼镜时间长了，眼睛会变成“金鱼眼”吗

不少高度近视的患者将眼镜摘下来后，显得眼睛特别突出，像金鱼的眼睛一样。很多人认为，这是由于戴眼镜导致的眼睛变形，所以不愿意配戴眼镜。专家指出，眼睛变凸不是眼镜惹的祸，而是随着近视的发展，后眼轴不断增长，逐渐变凸的结果。

（四）按摩、滴眼液或治疗仪等治疗方法能治愈真性近视吗

真性近视是患者眼睛结构发生了改变，也就是眼球变长了，就像身高长高了不能再缩回去一样。目前并没有能够治愈真性近视的方法。社会上任何宣称能够治疗近视的方法都是骗人的，任何按摩、滴眼液或治疗仪都不能改变眼睛结构，反而可能使近视没有得到及时的科学干预造成近视过快增长。这样的虚假宣传不仅损害了“钱包”，更加损害了孩子的眼睛。

青少年一旦被正规医疗机构确诊为真性近视，就应该尽快正确配戴眼镜。摘摘戴戴或不配戴眼镜，反而会使近视增长得更快。建议坚持按需配戴眼镜。

（五）配镜时度数稍低（欠矫）更好吗

多项临床研究表明，近视欠矫配镜与足矫配镜比较起来更容易导致近视增长快。因此，建议配镜时尽可能足矫，使用最佳矫正视力的最低度数。不同的人最佳矫正视力也是不一样的，所以足矫是要求达到最清晰视力，而不是仅仅满足于矫正至 5.0。比如，一位近视患者，戴 –2.0D（200 度）能矫正到 5.0，戴 –2.25D（225 度）、–2.50D（250 度）可以矫正到 5.1，那么就应该配 –2.25D（225 度）的眼镜。

（六）近视不用控制，手术治疗就万事大吉了吗

这个观点是错误的，近视手术是通过改变角膜的厚度来降低近视度数，进而达到摘掉眼镜的目的，但是眼轴增长导致的眼睛结构变化并不能恢复，因而高度近视的并发症风险并未降低；屈光手术并不适合每一位患者，术前需要系统的全面检查，排除禁忌证方可进行。从手术的原理不难看出，近视激光手术只是改变了角膜的曲率，让眼睛的屈光系统在不借助眼镜的情况下，使外界物体的影像成像在视网膜上。但眼睛由于近视已经发生改变，眼轴拉长、视网膜变薄、脉络膜萎缩等并没有被“治愈”。因此，近视激光手术仅改善了近视患者的裸眼视力，而不是从根本上治疗了近视。

52检